Joe Biden bei einer Wahlkampfveranstaltung mit dem damaligen Präsidentschaftskandidaten Barack Obama in Springfield, Illinois, im August 2008. Mit Obama, unter dem er acht Jahre als Vizepräsident diente, verbindet Biden eine enge Freundschaft.

Der junge Joe Biden im Alter von neun Jahren mit seiner Schwester Valerie und seinem kleinen Bruder James. Mit den Geschwistern bildete er schon im Kindesalter eine eingeschworene Gemeinschaft.

oben: Joe Biden wird vom damaligen Vizepräsidenten George Bush Sr.
im Januar 1985 zum dritten Mal als Senator für den Bundesstaat Delaware
vereidigt. Mit dabei (von links nach rechts): seine zweite Frau Jill,
die Söhne Beau und Hunter und die kleine Tochter Ashley.
unten: Joe Biden zu Besuch im Marywood College in seiner Heimatstadt
Scranton, Pennsylvania, im Jahr 1973. Den Kindergarten in katholischer
Trägerschaft hat Joe Biden als Kind selbst besucht.

Joe und Jill Biden besuchen im Dezember 2020 das Grab von Bidens erster Ehefrau Neilia auf dem Friedhof von Wilmington, Delaware. Neilia und die Tochter Ashley waren war 1972 bei einem tragischen Autounfall ums Leben gekommen.

Seit mehr als 45 Jahren ist Jill die Stütze in Joe Bidens Leben. Im August 2020 spricht das Paar in einem Interview für den Parteitag der Demokraten über seine Beziehung.

Burger braten, als hätte er nie etwas anderes gemacht. Joe Biden im Jahr 2007 bei einer Wahlkampfveranstaltung in Des Moines, Iowa. Auch wenn er sich bodenständig und bürgernah gibt: Für die Nominierung der Demokraten reichte es damals nicht.

oben: Joe Bidens Enkel sind sein ganzer Stolz. Für den Parteitag der Demokraten im August 2020 leisten sie in einem Video den sogenannten „Pledge of Allegiance", den Treueschwur auf die Nation. Von links nach rechts: Finnegan, Hunter, Maisy, Natalie und Naomi.
unten: Unterwegs mit Ehefrau Jill und Enkelin Finnegan. Die Tochter seines Sohnes Hunter begleitete Biden häufig auf Auslandsreisen, als er das Amt des Vizepräsidenten ausübte.

Auf Stimmenfang bei den Wählern von morgen. Joe Biden küsst im Februar 2020 bei einem Wahlkampfevent in Dubuque, Iowa, die Hand eines Babys.

Der Nominierungsparteitag der Demokraten im August 2008: Joe Biden betritt mit seinem Enkel Hunter die Bühne in Denver, Colorado. Gut zwei Monate später gewinnt er an der Seite Barack Obamas die Wahlen und wird Vizepräsident.

Angekommen am
späten Ziel seiner
politischen Träume:
Joe Biden legt am
20. Januar 2021 den
feierlichen Amtseid
ab. Die imposante
Bibel, auf die er
schwört, ist ein
127 Jahre altes
Familienerbstück.

Joe Biden zu Besuch im Vatikan. Bei einem Kongress zum Thema Regenerative Medizin hält er im April 2016 in der Vatikanischen Audienzhalle eine Rede und trifft auch mit Papst Franziskus zusammen.

Von Anfang an stimmte die Chemie zwischen Joe Biden und Papst Franziskus. Auf dem Bild sieht man die beiden nach der Messe zu Beginn des Pontifikats von Franziskus am 19. März 2013 bei ihrem ersten persönlichen Treffen.

Maximilian Lutz

Joe Biden
Ein Katholik im Weißen Haus

Ein Porträt

MAXIMILIAN LUTZ

JOE BIDEN

Ein Katholik im Weißen Haus

Ein Porträt

benno

Bibliografische Information der Deutschen Nationalbibliothek
Die Deutsche Nationalbibliothek verzeichnet diese Publikation in der
Deutschen Nationalbibliografie; detaillierte bibliografische Daten
sind im Internet über http://dnb.d-nb.de abrufbar.

Besuchen Sie uns im Internet:
www.st-benno.de

Gern informieren wir Sie unverbindlich und aktuell auch in unserem
Newsletter zum Verlagsprogramm, zu Neuerscheinungen und Aktionen.
Einfach anmelden unter www.st-benno.de.

ISBN 978-3-7462-5916-1

© St. Benno-Verlag GmbH, Leipzig
Umschlaggestaltung: Rungwerth Design, Düsseldorf
Umschlagmotiv: © picture alliance/newscom/Kevin Dietsch
Gesamtherstellung: Kontext, Dresden (A)

Inhalt

Prolog

Dass dieser Sonntagsgottesdienst ein ganz besonderer werden würde, erfährt Pater Kevin Gillespie zwei Stunden vor Beginn. Nur wenige in der Gemeinde sind eingeweiht, als eine Stunde später ein Team von zehn Mitarbeitern des Secret Service das neokoloniale Kirchengebäude mit der makellosen weißen Fassade durchsucht. Eine protokollgemäße Sicherheitsmaßnahme. Es ist der 24. Januar 2021. Joseph Robinette Biden Jr. ist seit vier Tagen neuer Präsident der Vereinigten Staaten von Amerika. Für seine erste Sonntagsmesse als höchster Repräsentant des Staates hat er sich die von Jesuiten geführte Heilige Dreifaltigkeitskirche, die „Holy Trinity Church", im noblen Washingtoner Viertel Georgetown ausgesucht.

Biden kommt in Begleitung seines Sohnes Hunter und seiner Enkelinnen Maisy und Finnegan. Sie nehmen im hinteren Teil der Kirche Platz. Als der Pfarrer, der den Gottesdienst feiert, den Präsidenten begrüßt, applaudieren die versammelten Gläubigen. Ansonsten folgen sie wie gewohnt dem Verlauf der Messe. Der Prediger übt an diesem Sonntag Kritik an der Todesstrafe. Zum Kommunionempfang stellt sich Biden in eine Reihe mit den anderen Gläubigen. Danach kniet er in seiner Kirchenbank. Nachdem die Messe zu Ende ist, richtet Pater Gillespie, seit 2015 der leitende Pfarrer der Heiligen Dreifaltigkeitsgemeinde, kurz das Wort an Biden. „Mr. President, Sie sind hier stets willkommen", sagt er. Worauf der Präsident antwortet: „Danke, das bedeutet mir sehr viel."

Die Holy Trinity Church, drei Kilometer vom Weißen Haus entfernt, ist die älteste katholische Kirche in der amerikanischen Hauptstadt Washington. Die Gemeinde wurde bereits im Jahr 1787 unter der Leitung des Jesuiten John Carroll gegründet, der später zum ersten katholischen Erzbischof der USA ernannt wurde. Und sie gilt als Anziehungspunkt zahlreicher einflussreicher und mächtiger Personen der Washingtoner Politikszene. Holy Trinity war auch die Heimatgemeinde des ersten katholischen US-Präsidenten, John F. Kennedy. Schon vor seiner Zeit als Präsident, später auch im Amt, ging er mit seiner Frau Jacqueline dort ein und aus. Und auch Joe Biden, nach Kennedy der zweite katholische Präsident der USA, besuchte während seiner achtjährigen Amtszeit als Vizepräsident unter Barack Obama regelmäßig Gottesdienste in dieser Gemeinde. Einige seiner Enkel wurden sogar dort gefirmt.

Zu Beginn seiner Präsidentschaft stand noch nicht fest, ob Biden die Dreifaltigkeitsgemeinde für die kommenden vier Jahre als Heimatpfarrei auserkoren hat – oder ob er überhaupt eine einzelne Gemeinde wählt. In Anbetracht der historischen Wurzeln der Pfarrei und Bidens persönlicher Verbindung zu ihr kann sich Pater Gillespie aber durchaus vorstellen, dass der Präsident dort nun regelmäßig an den Sonntagsgottesdiensten teilnehmen wird.

Der Besuch der heiligen Messe war von Kindesbeinen an ein wesentlicher Bestandteil im Leben Joe Bidens – und ist dies auch geblieben, als seine politische Karriere Fahrt aufnahm. Auch am Tag seiner Einführung ins Amt des US-Präsidenten, die traditionell am 20. Januar stattfindet, nahm er morgens gemeinsam mit seiner Frau Jill an einem Gottesdienst teil. Die künftige Vizepräsidentin Kamala Harris und zahlreiche weitere hochrangige Kongressabgeordnete waren bei der Messe in der Kathedrale St. Matthew ebenfalls anwesend. Knapp 60 Jahre zuvor, nach dem tragischen Tod Kennedys durch ein Attentat, war dort das Requiem für ihn gefeiert worden.

Drei Stunden später folgte dann das zivilreligiöse Hochamt. Auf den Stufen der Treppe vor der Westfassade des Kapitols, im Hintergrund die mächtige Kuppel des wie ein Tempel anmutenden Gebäudes, leistete Biden den feierlichen Amtseid. Die Bibel, auf die er schwor, ein einzigartiges Exemplar: in Leder gebunden, mit einem Metallschloss und einem keltischen Kreuz verziert, fast 13 Zentimeter dick und mehrere Kilo schwer. Ein altes Erbstück, das sich seit 127 Jahren in Familienbesitz befindet. Der bekannte TV-Moderator und Satiriker Stephen Colbert, ebenfalls Katholik, hatte Biden schon Wochen zuvor in seiner Sendung gefragt: „Warum ist Ihre Bibel dicker als meine? Steht darin mehr über Jesus als in meiner?" Daraufhin erklärte Biden, dass sich in jener imposanten Ausgabe der Heiligen Schrift auf zusätzlichen Seiten noch eine Familienchronik befinde, in der jedes wichtige Ereignis im Leben der Familienmitglieder eingetragen werde. Seit 1973 schwor er jedes Mal, wenn er in ein Staatsamt eingeführt wurde, den Eid auf jene imposante Bibel.

Spätestens seit seinem Wahlsieg über Donald Trump im November 2020 ist Joe Biden der wohl bekannteste Katholik der Vereinigten Staaten. Und nicht nur deshalb ein ganz besonderer Repräsentant seines Glaubens. „Ich bin in kultureller wie in theologischer Hinsicht Katholik", sagt Biden über sich selbst. Es sind einerseits die Traditionen, Bräuche und die seit Kindheitstagen vermittelten Werte, die ihn ein Leben lang am Glauben festhalten ließen. Jenen populären Katholizismus stellt er bei Auftritten wie dem in der Show Stephen Colberts gerne für jeden sichtbar zur Schau. Doch Bidens Glaube geht darüber hinaus. Seinen Rosenkranz trägt er stets am Handgelenk bei sich, in schwierigen Situationen klammert er sich regelrecht an ihn. Sich mit Theologie auseinanderzusetzen, nannte er einmal seine „Nebenbeschäftigung". Insbesondere die Auftritte Bidens rund um die US-Wahl waren von zahlreichen Bezügen zu seinem katholischen Glauben geprägt. So bezog er sich, nach dem Schwur auf die Bibel, in seiner Antrittsrede auf den heiligen Augustinus, einen der großen Kirchenlehrer. Dieser, so Biden, habe geschrieben, dass ein Volk der Zusammenschluss einer Vielzahl von Menschen sei, geeint durch die Übereinstimmung in den Dingen, die ihnen lieb sind. „Was sind die gemeinsamen Dinge, die wir lieben und die uns als Amerikaner ausmachen?", fragte Biden. Für ihn seien es Sicherheit, Freiheit, Würde, Respekt und Wahrheit.

Mitte Dezember, nachdem sein Wahlsieg offiziell zertifiziert worden war, zitierte er in einer Ansprache ein Friedensgebet, das dem heiligen Franz von Assisi zugeschrieben wird: Biden bat darum, „dass uns dieser Moment die Stärke verleihen wird, unser Haus neu zu errichten auf einem Felsen, der nie fortgespült werden kann. Wie im Gebet des heiligen Franziskus, ‚dass ich verbinde, wo Streit ist, dass ich Glauben bringe, wo Zweifel droht, dass ich Licht entzünde, wo Finsternis regiert'".

Selten zuvor hat ein amerikanischer Präsidentschaftskandidat seine Religiosität derart offen zur Schau gestellt, wie es Biden im Wahlkampf tat. Es ist eine Religiosität, die eher geprägt ist von seiner Erziehung im fürsorglichen Umfeld der Ordensschwestern als von Weisungen hochrangiger Amtsträger im Bischofs- oder Kardinalshabit. Eine Religiosität, die Entscheidungen beeinflusst, diese aber nicht diktiert. Eine Religiosität, in die sich immer wieder auch Phasen des Zweifelns mischten. Eine Religiosität, die bei vielen amerikanischen Katholiken und auch Andersgläubigen Anklang findet. Eine Religiosität, die von vielen aber auch kritisch bewertet wird.

In einer Zeit der politischen Polarisierung, in der auch die amerikanischen Katholiken untereinander um die zukünftige Ausrichtung ihrer Kirche ringen, steht Biden im Mittelpunkt der Gefechte. Nach außen hin wird er zwar als progressiv wahrgenommen, jedoch hat der Glaube in seinem Leben eine derart prägende Rolle gespielt – in Zeiten des Triumphs wie in Zeiten der Trauer –, dass sich Joe Biden dem üblichen Lagerdenken entzieht.

Seine lange politische Laufbahn verschaffte Biden bislang die Gelegenheit, drei Päpste zu treffen: Franziskus, Benedikt XVI. und auch Johannes Paul II. Zwischen dem polnischen Papst und Biden ist eine besondere Begegnung aus dem Frühjahr 1980 überliefert. Biden war damals 37 Jahre alt und steckte noch in der Anfangsphase seiner Karriere als Senator, als er Johannes Paul II. in dessen Privatbibliothek zu einem 45-minütigen Gespräch traf. Es soll eines der längsten gewesen sein, das der Papst seit Beginn seiner Amtszeit im Oktober 1978 geführt hatte.

Biden, damals im Senat schon für außenpolitische Fragen zuständig, und Johannes Paul II. sprachen ausführlich über eine Vielzahl von Themen: die politische Lage in Osteuropa, die Rolle Amerikas in den Konflikten auf dem europäischen Kontinent, die Ausbreitung des Kommunismus in Lateinamerika. Es heißt, der Papst habe alle Versuche seiner Mitarbeiter unterbunden, die Unterhaltung vorzeitig zu beenden. Biden zufolge zog er seinen Stuhl sogar um den Schreibtisch herum, um dem jungen Senator beim Gespräch näher sein zu können. Und er habe ihn ständig wegen seines jugendlichen Alters aufgezogen.

Mochte der Austausch auch noch so vertraut und intensiv sein: Eine Sache gab es, die Joe Biden nicht tat. Er küsste nicht den Ring des Papstes, obwohl dies eine übliche Geste der Ehrerbietung gegenüber dem Pontifex war. Die Begründung für diesen Verzicht liegt in der wechselvollen Geschichte, auf die Katholiken in Amerika bis dato zurückblickten. Eine Geschichte, die einen Katholiken im Amt des US-Präsidenten lange wie eine Utopie erscheinen ließ.

I.
Von Kennedy zu Biden –
Warum 2020 nicht 1960 ist

Es war nicht sein Anstand, nicht seine Zuversicht. Nicht seine wunderschöne Frau. Auch waren es nicht seine nahezu perfekt geratenen Kinder. Es war nicht seine Jugend. Nicht der Tatendrang, den er verströmte. Und es waren auch nicht seine neuartigen Ideen. Was Joe Biden schon als 19-Jährigen an John Fitzgerald Kennedy so sehr faszinierte, so schildert er in seiner Autobiografie „Promises to keep", war, wie sehr die Vorstellungen, die der neue US-Präsident 1961 in seiner Rede zur Amtseinführung skizzierte, zu den Lektionen aus Bidens eigener Kindheit zu passen schienen. Es sei die Pflicht eines jeden Amerikaners, so Kennedy, sich für sein Land einzusetzen. Mit Bezug auf den Allmächtigen schloss er seine Rede: „Mit einem reinen Gewissen als einzig sicherem Lohn, mit der Geschichte als endgültigem Richter unserer Taten wollen wir voranschreiten und das Land führen, das wir lieben, mit der Bitte um Seinen Segen und Seine Hilfe, jedoch in dem Wissen, dass hier auf Erden Gottes Werk wahrhaftig unser eigenes sein muss."

Dabei gibt Biden selbst zu, dass die Kennedys, noch heute der wohl berühmteste politische Clan der USA, nicht viel gemeinsam hatten mit den Bidens. Von der irischen Abstammung einmal abgesehen. „Kennedys Vater war einer der reichsten und bekanntesten Männer des Landes", schreibt Biden in seinen 2007 erschienenen Memoiren. Bidens Vater wiederum war zunächst zwar in den Genuss eines luxuriösen, von finanziellen Sorgen freien Lebens gekommen. Mehrere berufliche Misserfolge zwangen ihn jedoch später, die Familie mit mehrfach wechselnden Gelegenheitsjobs über Wasser zu halten.

Auch ihren katholischen Glauben praktizierten John F. Kennedy und Joe Biden in ihrem Leben nicht auf dieselbe Art und Weise. Ein Grund dafür war nicht zuletzt das gesellschaftliche Klima, das die bis heute einzigen katholischen Präsidenten zum Zeitpunkt ihrer Kandidatur vorfanden. Das hätte unterschiedlicher kaum sein können.

Exakt 60 Jahre liegen zwischen dem Wahlsieg Bidens und dem Triumph Kennedys im Jahr 1960. Letzterer feierte einen äußerst knappen Erfolg gegen seinen republikanischen Kontrahenten Richard Nixon, der damals das Amt des Vizepräsidenten innehatte. Zwar konnte Kennedy 303 der für den Sieg entscheidenden Wahlmännerstimmen auf sich vereinen, Nixon dagegen 219. Von den insgesamt knapp 69 Millionen abgegebenen Stimmen trennten die beiden Kandidaten jedoch nur 110.000 und damit 0,17 Prozent. Kennedys Sieg galt alles andere als selbstverständlich, auch unter Anhängern der Demokratischen Partei. Einen Grund dafür stellte nicht zuletzt die Tatsache dar, dass Kennedy Katholik war. Auch wenn er seinen Glauben im Wahlkampf bewusst nicht allzu sehr in den Vordergrund gerückt hatte. Die Skepsis gegenüber einem Katholiken war damals im protestantisch geprägten Amerika groß. Der Kirchenhistoriker und Theologieprofessor Massimo Faggioli beschreibt die Situation in seinem jüngsten Buch „Joe Biden and Catholicism in the United States" folgendermaßen: „Bis Mitte des 20. Jahrhunderts herrschten in Amerika deutliche antikatholische Vorurteile, eine Aura des Misstrauens umgab diejenigen, die sich in der katholischen Subkultur verorteten."

Woher stammten diese Vorurteile? Sie lagen zunächst einmal in religiösen Differenzen begründet. Vor allem Protestanten waren überhaupt erst auf den amerikanischen Kontinent eingewandert, um der religiösen Verfolgung in ihren europäischen Heimatländern zu entkommen. Die von ihnen gelebte Ausrichtung des christlichen Glaubens betrachteten sie als die von Gott gewollte und zweifelten gleichzeitig an der Rechtgläubigkeit der Katholiken, von denen sie sich nach der Reformation bewusst abzusetzen versuchten. Von Anfang an waren Protestanten in der Neuen Welt zahlenmäßig deutlich überlegen. Schätzungen zufolge lebten vor der amerikanischen Unabhängigkeit im Jahr 1783 nur etwa 25.000 Katholiken in den Kolonien – bei einer Gesamtbevölkerung von etwa 4,5 Millionen. Eingewandert waren sie bereits seit dem 16. Jahrhundert aus Spanien, seit dem 17. Jahrhundert vorwiegend aus England, Irland und Frankreich.

Einen deutlichen Schub erhielten die Ressentiments gegenüber Katholiken im Zuge einer Welle von Millionen katholischer Einwanderer aus Irland und Deutschland zwischen 1830 und 1860. Ganz überwiegend aus der Unterschicht stammend, wiesen die Neuankömmlinge massive soziale und kulturelle Differenzen zur etablierten protestantischen Mehrheitsgesellschaft auf, die man heute unter dem Begriff der „White Anglo-Saxon Protestants" (WASPs) zusammenfasst. Vor allem die Iren dominierten jedoch schon bald den US-Katholizismus des ausgehenden 19. Jahrhunderts. Dabei prägten sie eine äußerst romtreue Form der Frömmigkeit und der Glaubensdisziplin. Diese widersprach den amerikanischen Idealen von Freiheit, freier Marktwirtschaft und dem Streben nach persönlichem Aufstieg – Ideale, die wiederum eng verknüpft waren mit der protestantischen Spiritualität. Dem Geist des Gehorsams gegenüber einer als hierarchisch und zutiefst autoritär empfundenen katholischen Kirchenstruktur begegneten viele Protestanten mit Skepsis bis hin zu heftiger Ablehnung.

Ungeachtet des schwierigen Klimas für Katholiken zu jener Zeit stieg deren Zahl bis zum Ende des 19. Jahrhunderts sprunghaft an. Hohe Geburtenraten und ein kontinuierlicher Zustrom von Einwanderern – neben Irland und Deutschland kamen sie auch aus England und den Niederlanden – sorgten dafür, dass um das Jahr 1900 bereits zwölf Millionen Katholiken in den USA lebten. Damit stellten sie knapp ein Sechstel der Gesamtbevölkerung. Der Anteil der Katholiken stieg auch in der ersten Hälfte des 20. Jahrhunderts weiter dank einer neuen Welle von Einwanderern, überwiegend aus Italien, Polen und osteuropäischen

Ländern, zunehmend aber auch aus dem südlichen Nachbarland Mexiko. Um 1950 lebten etwa 35 Millionen Katholiken im Land. Somit gehörten gut 25 Prozent der Gesamtbevölkerung zur katholischen Konfession – ein Spitzenwert, der in den darauffolgenden Jahren kaum noch übertroffen werden sollte, auch wenn die absolute Zahl von Katholiken weiter zunahm.

Die Vorurteile gegenüber Katholiken, die bis weit ins 20. Jahrhundert hinein existierten, erscheinen aus heutiger Perspektive absurd. So wurde Kennedy als „Erfüllungsgehilfe des Vatikans" diffamiert, und man behauptete, er werde sich als Präsident zuallererst dem Papst verpflichtet fühlen, nicht der amerikanischen Verfassung. Und wenn er erst einmal gewählt sei, so kursierte damals die Befürchtung, werde Kennedy vom Weißen Haus aus einen Tunnel unter dem Atlantik bis zum Vatikan graben lassen, um direkt Befehle aus Rom erhalten zu können. Dabei hätte ein Blick auf die Realität die Vorbehalte gegen die wachsende katholische Minderheit im Land schnell entkräftet. Denn der Vatikan selbst wusste in der Zeit nach dem Zweiten Weltkrieg nicht so recht, wie man mit den Glaubensgeschwistern jenseits des großen Teichs umgehen sollte. Dass sich die Katholiken in den USA mehr und mehr dem religiösen und gesellschaftlichen Pluralismus im Land öffneten, nahm man in Rom durchaus mit Unbehagen wahr.

Auch der Vorstellung, einen Katholiken im höchsten politischen Amt der Weltmacht Amerika vorzufinden, begegnete die geistliche Führungsriege im Vatikan zunächst mit einer gewissen Skepsis. Wie der Kirchenhistoriker Faggioli betont, sei es erst das Zweite Vatikanische Konzil (1962–1965) gewesen, das zu einer allmählichen „Versöhnung zwischen Katholizismus und konstitutioneller Demokratie" beitrug. Erst im Jahr 1984 nahmen der Vatikan und die USA dann diplomatische Beziehungen auf höchster Ebene auf, in die Wege geleitet von Papst Johannes Paul II. (1978–2005) und dem republikanischen Präsidenten Ronald Reagan (1981–1989).

Und dennoch: Die antikatholischen Vorurteile hielten sich hartnäckig im Wahlkampf des Jahres 1960. Was maßgeblich daran lag, dass von protestantischer Seite regelrechte Kampagnen
gegen den demokratischen Bewerber Kennedy lanciert wurden.
Zwei Namen stachen dabei besonders heraus: Billy Graham und
Norman Vincent Peale. Graham, schon damals der wohl bekannteste evangelikale US-Pastor und einer der einflussreichsten
Prediger des 20. Jahrhunderts, versuchte im Vorfeld der Wahl
unter seinen Hunderttausenden von Anhängern Bedenken gegenüber Kennedy zu streuen. Mit Kennedys politischem Gegner
Nixon stand er dabei stets in engem Kontakt. Noch lautstärker
allerdings zog der populäre protestantische Pastor und Buch-
autor Peale für Nixon ins Feld. Am 6. September 1960 erklärte
er bei einer Konferenz vor gut 150 protestantischen Führungs-
figuren: „Unsere amerikanische Kultur steht auf dem Spiel. Ich
sage nicht, dass sie nicht überleben wird, aber sie wird nicht wieder das sein, was sie einmal war." Im Anschluss verabschiedete
man eine Resolution, die mit dem Fazit schloss, dass ein Katholik nicht für das Amt des US-Präsidenten qualifiziert sei. Peale,
quasi der Anführer der damaligen antikatholischen Kampagnen
zugunsten des Protestanten Nixon, wurde übrigens von einem
anderen zukünftigen Präsidenten als einflussreiche Quelle der
spirituellen Inspiration genannt: Donald Trump. Dessen Eltern
waren glühende Anhänger der Philosophie Peales und nahmen
ihren Sohn schon in jungen Jahren mit, um dessen Predigten zu
hören.
Auch wenn sich Kennedy lange dagegen sträubte, seinen persönlichen Glauben zum bestimmenden Wahlkampfthema zu
machen: Er und seine Berater waren sich der Gefahr durchaus bewusst, die von den grassierenden antikatholischen Ressentiments ausging. Nur allzu präsent war in den Köpfen des
Kennedy-Lagers noch das Scheitern von Alfred Smith im Jahr
1928, dem ersten katholischen Präsidentschaftsbewerber überhaupt. Smith, damals Gouverneur des Bundesstaates New York,

hatte schon drei Jahrzehnte vor der Ära Kennedy geglaubt, die amerikanische Bevölkerung hätte ihre Vorurteile gegenüber Katholiken überwunden. In der Retrospektive ein beinahe naiver Standpunkt, waren Katholiken Anfang des 20. Jahrhunderts sogar noch weitaus schlimmerer Diffamierung ausgesetzt als zu Zeiten Kennedys. Smith unterlag seinem Kontrahenten, dem Republikaner Herbert Hoover, deutlich: Er gewann nur acht der damals 48 Bundesstaaten, darunter nicht einmal seinen Heimatstaat New York.

Um ein ähnliches Szenario abzuwenden, entschied sich Kennedy schließlich zum Gang in die Offensive: Am 12. September sprach er in der texanischen Stadt Houston vor einer Gruppe einflussreicher protestantischer Pastoren über seinen katholischen Glauben. „Ich bin nicht der katholische Präsidentschaftskandidat. Ich bin der Präsidentschaftskandidat der Demokratischen Partei, der zufälligerweise auch Katholik ist", erklärte er den 300 Zuhörern im Houston Rice Hotel und den rund einer Million Zuschauern vor den Fernsehbildschirmen. Er glaube an ein Amerika, in dem die Trennung von Kirche und Staat absolut sei und in dem niemandem aufgrund seines Glaubens ein öffentliches Amt verweigert werde. Unter Historikern gilt jene Rede in Houston als Wendepunkt im Wahlkampf Kennedys. Zwei Monate später gewann er die Wahl. Etwa 38 Prozent der protestantischen Wähler stimmten für Kennedy und knapp 80 Prozent der Katholiken. Doch stieß er unter seinen Glaubensgeschwistern nicht nur auf Zustimmung. Insbesondere führende katholische Medien und Amtsträger hielten sich mit einer allzu deutlichen Parteinahme für Kennedy zurück.

Viele Geistliche nahmen es mit gemischten Gefühlen auf, dass Kennedy seinen Glauben im Wahlkampf derart privatisiert hatte. Und so bewahrten sie vor der Abstimmung weitestgehend Neutralität gegenüber den beiden Kandidaten. Aus der Reihe tanzte Kardinal Francis Spellman, damals Erzbischof von New York: Er unterstützte offen Richard Nixon, unter anderem, da

Kennedy sich dagegen ausgesprochen hatte, einen amerikanischen Botschafter für den Vatikan zu ernennen.

Auch die katholische Öffentlichkeit hatte Kennedy nicht ausnahmslos hinter sich, was sich dann auch am Wahlverhalten zeigte. Teile der katholischen Rechten sahen in Kennedy ein intellektuelles Leichtgewicht und äußerten Bedenken aufgrund dessen vermeintlich linksliberaler Gesinnung. Sie fürchteten, unter einem Präsidenten Kennedy werde es zu einer Stärkung des Wohlfahrtstaats, der Gewerkschaften und einer zunehmenden Säkularisierung kommen. Und nicht zuletzt warfen sie ihm vor, nicht entschlossen genug gegen die wahrgenommene Bedrohung durch den Kommunismus vorzugehen.

Katholiken im linken Spektrum wiederum stellten Kennedys linksliberale Positionen infrage. Sie sahen in ihm keinen überzeugenden Verbündeten, der sich für Themen wie Bürgerrechte, Armutsbekämpfung und Abrüstung starkmachen würde. Stattdessen setzten sie eher auf den ehemaligen demokratischen Präsidentschaftskandidaten Adlai Stevenson als Führungsfigur – oder auf die Ex-First Lady und US-Botschafterin bei den Vereinten Nationen, Eleanor Roosevelt.

Eine steile politische Karriere wurde Kennedy förmlich in die Wiege gelegt. Am 29. Mai 1917 wurde er in Brookline im Bundesstaat Massachusetts als zweitältester Sohn von Joseph P. und Rose Fitzgerald Kennedy geboren. Sein Vater verdiente als Inhaber eines Investment-Unternehmens Millionen, seine Mutter entstammte einer reichen Politikerfamilie. Anders als Joe Biden, der nie eine der amerikanischen Elite-Universitäten besuchte, studierte Kennedy in Harvard Politikwissenschaften. So wie später Biden zog er mit kaum 30 Jahren in den US-Kongress ein, als Abgeordneter für die Stadt Boston.

Kennedys Verhältnis zu seinem katholischen Glauben war indes ein ambivalentes. „Er war sicherlich praktizierender Katholik. Ob er die Lehre der katholischen Kirche in allen Einzelheiten auch persönlich befolgte, ist eine andere Frage", so der

Politikwissenschaftler Klaus Stüwe gegenüber der katholischen Wochenzeitung „Die Tagespost". Zwar stammte Kennedy aus einem katholischen Elternhaus und besuchte auch als Präsident regelmäßig Gottesdienste. Äußere Glaubensbekenntnisse ließen jedoch schwer Rückschlüsse auf die innere Einstellung zu, so Stüwe.

Die Kindheit Kennedys war allerdings durchaus vom katholischen Glauben geprägt. Regelmäßig besuchte seine Mutter Rose mit ihm und den acht Geschwistern die heilige Messe, lehrte die Sprösslinge das Beten und sprach über die Bibel. Als die Kinder bereits erwachsen waren, empfahl Rose, zum Stressabbau lieber den Rosenkranz zu beten, anstatt zu Pillen oder Alkohol zu greifen.

In seinem Umgang mit Frauen befolgte Kennedy eindeutig nicht die Lehre der katholischen Kirche. Stattdessen haftete ihm zeitlebens das Image eines Frauenhelden und Schürzenjägers an. Zahlreiche Affären sind belegt oder werden ihm nachgesagt, angeblich soll auch Marilyn Monroe zu seinen Eroberungen zählen. 1953 heiratete er schließlich Jacqueline Bouvier, eine junge, ebenfalls aus wohlhabendem Hause stammende Journalistin. Trotz Kennedys Untreue hielt die Ehe. Aus ihr gingen drei Kinder hervor, das dritte starb jedoch kurz nach der Geburt.

Was zu seinen Lebzeiten öffentlich kaum bekannt war: Kennedy war ein körperliches Wrack. Schon seit seiner Kindheit wurde er von zahlreichen Krankheiten geplagt, darunter ein Reizdarm, Rückenprobleme, Asthma, extreme Müdigkeit und mehrere Allergien. Zeitlebens musste er ein Korsett tragen, nahm Schmerz- und Schlafmittel, Antibiotika, Antidepressiva und Cortison. Später wurde bei ihm die Addisonsche Krankheit diagnostiziert, eine Unterfunktion der Nebennierenrinde, die das Immunsystem schwächt. „Hätte die Nation gewusst, wie krank John F. Kennedy wirklich ist, wäre er nie Präsident geworden", schrieb sein Biograf Robert Dallek. Viermal empfing Kennedy die letzte Ölung: 1947, 1954 und 1955 – und ein letztes Mal am 22.

November 1963, ehe er nach jenem berüchtigten Attentat von Dallas an den Folgen seiner Schussverletzungen starb.

Während seiner kurzen Präsidentschaft zeichnete sich Kennedy nicht durch eine Politik aus, die katholische Belange in den Vordergrund stellte. Damit folgte er ganz dem Kurs, den er bereits im Wahlkampf mit seiner Rede in Houston vorgegeben hatte. Er ernannte beispielsweise keinen Botschafter beim Heiligen Stuhl und hielt somit auch die Tür zu offiziellen diplomatischen Beziehungen zum Vatikan geschlossen. Auch folgte er dem Wahlkampfversprechen, katholische Schulen nicht mit staatlichen Geldern zu subventionieren. Einige konservative Katholiken waren zudem enttäuscht, dass er sich nicht dafür einsetzte, ein gesetzliches Abtreibungsverbot zu erwirken. Unterm Strich blieb Kennedy bei den amerikanischen Katholiken dennoch durchaus populär. Für sie war seine Präsidentschaft von ausgeprägtem Symbolcharakter.

Zwei Päpste erlebte John F. Kennedy während seiner knapp dreijährigen Präsidentschaft. Mit Johannes XXIII. (1958–1963) traf er zwar nie persönlich zusammen. Jedoch hatte der Papst maßgeblichen Einfluss darauf, dass es während der Kuba-Krise im Oktober 1962 nicht zu einer Eskalation des Kalten Krieges kam. In einem Brief an Kennedy und den sowjetischen Regierungschef Nikita Chruschtschow erinnerte er die Anführer der zwei Supermächte an ihre moralische Verantwortung, den Frieden zu bewahren.

Auch das von Johannes XXIII. im April 1963 veröffentlichte Lehrschreiben „Pacem in terris" (Friede auf Erden) prägte Kennedy. „Bemerkenswert" und „einen Ansporn" nannte er die Friedensenzyklika, in der der Pontifex unter anderem für eine kernwaffenfreie Welt plädierte. „Als Katholik bin ich stolz darauf, als Amerikaner habe ich daraus gelernt", so der Präsident in einer Rede in Boston.

Johannes XXIII. starb im Juni 1963. Sein Nachfolger, Paul VI., empfing Kennedy am 2. Juli 1963, nur wenige Tage nach dem

Konklave. Die antikatholische Stimmung bei Teilen der amerikanischen Bevölkerung noch im Hinterkopf, verzichtete der Präsident, wie später auch Joe Biden, auf die ansonsten für Katholiken übliche Geste, vor dem Papst niederzuknien und den päpstlichen Ring zu küssen. Stattdessen beließ es Kennedy bei einem Kopfnicken in Richtung des Papstes, und die beiden gaben sich die Hand.

Auf den Tod Kennedys knapp fünf Monate später reagierte Paul VI. mit einer Kondolenzbotschaft, die sogar im amerikanischen Fernsehen übertragen wurde. Darin nannte er Kennedy einen „großen Staatsmann". Wörtlich erklärte der Papst: „Er war der erste katholische Präsident der Vereinigten Staaten. Wir denken zurück an die Freude, die uns sein Besuch und die Tatsache bereitet haben, in ihm große Weisheit und starke Entschlossenheit zum Wohl der Menschheit erkannt zu haben."

***

Fast sechs Jahrzehnte sollten vergehen, ehe sich Joe Biden im Jahr 2020 anschickte, als zweiter katholischer US-Präsident in die Fußstapfen Kennedys zu treten. Das Amerika, das er vorfand, hatte dabei nur noch wenig mit dem der Ära Kennedys gemeinsam. Was war geschehen? Der Katholizismus hatte sich inzwischen zu einer Religion entwickelt, die den anderen christlichen Konfessionen gleichwertig angesehen wurde. Heute leben statistischen Erhebungen zufolge gut 70 Millionen Katholiken in den USA. Damit stellen sie etwa ein Fünftel der Gesamtbevölkerung. Auch zahlreiche hochrangige Staatsämter sind von Katholiken besetzt: Allein sechs der neun Richter am Obersten Gerichtshof der USA, dem „Supreme Court", bekennen sich zur katholischen Konfession, dazu 24 der 100 Senatsmitglieder und 134 der 435 Abgeordneten im Repräsentantenhaus, darunter die Sprecherin Nancy Pelosi. Noch heute gibt es in den USA ein Netz von privaten katholischen Hochschulen und Universitäten, insgesamt mehr als 200, das weltweit einzigartig ist. Der prozentuale Anteil von US-Katholiken an der Gesamtbevölkerung ist auch seit der zweiten Hälfte des 20. Jahrhunderts recht stabil geblieben. Manche Erhebungen stellen jedoch insbesondere in den letzten zwei Jahrzehnten leicht rückläufige Tendenzen fest, da der Anteil der gläubigen Bürger insgesamt abnimmt. Im Vergleich zur Situation in Europa gilt der amerikanische Katholizismus heute trotz allem als deutlich lebendiger und vielfältiger.

Antikatholische Vorurteile und Ressentiments gelten heute als Relikt der Vergangenheit. Der Grund hierfür ist zum einen in Kennedys Präsidentschaft zu finden. Sie verdeutlichte, dass der katholische Glaube und ein hohes politisches Amt keine Gegensätze darstellen und sorgte somit wesentlich dafür, dass die Skepsis gegenüber Katholiken bei der protestantischen Bevölkerungsmehrheit abflaute. Zum anderen durchlebte aber auch der Katholizismus selbst eine Entwicklungsphase, die ihn anschlussfähiger an die moderne Welt werden ließ, und die gleich noch näher beleuchtet wird. Biden mag sich noch an seine Jugend zurückerinnern, als ihn das Etikett „katholisch" das eine oder andere Mal um ein Date mit einem Mädchen aus einer protestantischen Familie brachte, da die Eltern ihre Tochter nicht gerne an der Hand eines Katholiken sahen. Aber er konnte schon damals hartnäckig sein. Eines dieser protestantischen Mädchen sollte später seine Frau werden.

Im Wahlkampf konnte Biden seinen katholischen Glauben aber ganz selbstverständlich und offen zur Schau stellen – ohne wie Kennedy fürchten zu müssen, sich dadurch bei einer zentralen Wählergruppe ins Abseits zu manövrieren. Bidens Problem jedoch war ein anderes: Während sich die amerikanische Gesellschaft als Ganzes in den letzten Jahrzehnten zunehmend in zwei unversöhnliche politische Lager gespalten hatte, hatte sich auch zwischen konservativen und progressiven Katholiken ein scheinbar nicht zu überbrückender Graben aufgetan.

Als praktizierender und tief gläubiger, in seinen gesellschaftspolitischen Ansichten hingegen durchaus liberaler Katholik, stieß er daher bei einem großen Teil der katholischen Wählerschaft kategorisch auf Ablehnung. Im Vorfeld der Präsidentschaftswahlen 2020 war es somit nicht mehr die Konfession als solche, die über Wohl und Wehe eines Kandidaten entscheiden würde, sondern die Frage, an welcher Stelle des politischen Spektrums dieser seinen Glauben verortete.

Obwohl erst zum vierten Mal in der Geschichte der USA die Möglichkeit dazu bestand: Nur etwa 52 Prozent der katholischen Wähler setzten ihr Kreuz auch beim katholischen Kandidaten. 47 Prozent stimmten für Bidens Kontrahenten Donald Trump. Auf den ersten Blick ein durchaus kurioses Phänomen, galt doch Trump persönlich bis zu seiner Bewerbung um die Präsidentschaft 2016 kaum als besonders konservativ, geschweige denn überhaupt religiös geprägt.

Der Republikaner verfolgte allerdings die Strategie, eine dezidiert konservative Gesellschaftspolitik zu betreiben und sich somit eine Kernklientel zu schaffen, auf deren Stimme er zählen konnte. Ob nun aufrichtige persönliche Überzeugungen dahintersteckten oder eher politisches Taktieren, sei dahingestellt. Die Strategie ging schon 2016 im Duell gegen Hillary Clinton auf, und sie hätte auch 2020 beinahe wieder funktioniert.

Die Allianz, die Trump und seine Strategen schmiedeten, bestand hauptsächlich aus wertkonservativen Katholiken, weißen evangelikalen Christen und nicht religiös geprägten Wählern, die sich jedoch von Trump eine wirtschaftsliberale Politik der geringen staatlichen Einflussnahme erhofften. Und Trump lieferte: Er ernannte zahlreiche konservative Richter, drei am Supreme Court, Hunderte weitere an nachgeordneten Gerichten, senkte Steuern, baute staatliche Regulierungen der Wirtschaft ab. Linksliberale tobten. Viele Konservative, mochten sie sich auch nur zähneknirschend hinter Trump stellen, jubelten.

Damit es überhaupt zu einer solchen Spaltung der katholischen Wählerschaft in zwei unversöhnliche Lager kommen konnte, waren einige Entwicklungen ausschlaggebend, die zwischen Kennedys Wahlkampf 1960 und Bidens Kampagne 2020 ihren Lauf nahmen: das Zweite Vatikanische Konzil, die Auseinandersetzungen zwischen Gegnern und Befürwortern straffreier Abtreibungen im Zuge der „Kulturkämpfe" und die Verbindung, die der Katholizismus mit dem Kapitalismus einging.

***

Den Anfang des Zweiten Vatikanischen Konzils hatte John F. Kennedy noch erlebt, seinen Abschluss und die Auswirkungen jedoch nicht mehr. 1962 wurde es von Papst Johannes XXIII. einberufen und 1965 unter seinem Nachfolger Paul VI. zu Ende geführt. Es sollte die katholische Kirche nachhaltig verändern. Die Streitigkeiten um die Deutung der Bischofsversammlung, stets untrennbar verbunden mit der Frage nach der grundsätzlichen zukünftigen Ausrichtung der Kirche, halten bis heute an. Eine wesentliche Errungenschaft des Konzils war die Öffnung der katholischen Kirche in die moderne Welt hinein, das sogenannte „Aggiornamento". Sie manifestierte sich zum einen in der konziliaren Erklärung „Gaudium et spes" (Freude und Hoffnung). Denn sie hatte zur Folge, dass katholische Prinzipien und eine pluralistische parlamentarische Demokratie nicht mehr als Gegensätze betrachtet wurden. Zum anderen zeigte sie sich in der Erklärung „Dignitatis humanae" (Die Würde des Menschen): Sie begründete ein Recht auf Religionsfreiheit – als Freiheit verstanden, in einer staatlichen Gesellschaft nicht gezwungen werden zu können, in religiösen Dingen gegen das eigene Gewissen zu handeln. „Dignitatis humanae" eröffnete der Kirche eine ökumenische Dimension und ließ sie so mit anderen Religionen in Dialog treten.
Eine weitere bedeutende Neuerung des Konzils war die Reform der Liturgie, festgehalten in der Konstitution „Sacrosanctum concilium" (Heiliges Konzil): Gottesdienste durften von nun an

auch in der jeweiligen Landessprache zelebriert werden, nicht mehr nur ausschließlich in lateinischer Sprache.

Die Bewertung und Deutung der wesentlichen Beschlüsse des Konzils spaltete Katholiken weltweit: Auf der einen Seite standen diejenigen, die im Zweiten Vatikanischen Konzil einen notwendigen Aufbruch sahen, auf der anderen diejenigen, die darin einen Bruch der Kirche mit ihrer Tradition erkannten. Unter amerikanischen Katholiken ist der Streit um die Auslegung des Konzils besonders ausgeprägt. Nuancierte Betrachtungen, die Interpretationen im weiten Feld zwischen zwei Extrempositionen zulassen würden, sind selten zu finden. Das Konzil hat so seinen Teil dazu beigetragen, dass sich die Fronten zwischen Konservativen und Progressiven verhärteten.

Zusätzlich zu jenen theologischen Grundsatzdebatten trieb im Jahr 1973 eine gesellschaftspolitische Weichenstellung von folgenschwerer Tragweite einen weiteren Keil in die amerikanische Gesellschaft: das Grundsatzurteil „Roe vs. Wade" des Supreme Court. Die höchstrichterliche Entscheidung garantierte die Straffreiheit für Abtreibungen im ersten Trimester einer Schwangerschaft und sorgte dafür, dass die zuvor existierenden sehr unterschiedlichen Regelungen der Einzelstaaten hinfällig wurden. Die mit dem Urteil „Roe vs. Wade" einsetzende Liberalisierung der Abtreibungsgesetzgebung stellte den bislang wohl größten gesellschaftspolitischen Zankapfel dar – und spaltete auch Katholiken in die Fraktionen „pro choice" (für Wahlfreiheit) und „pro life" (für das Leben). Heute sind es nahezu ausschließlich Politiker der Demokraten, die sich zu Wahlkampfzeiten mit immer weitreichenderen Vorschlägen zur Liberalisierung der Abtreibungsgesetze geradezu überbieten. Ihr Ziel ist es, ein Recht auf straffreie Abtreibung in der Verfassung zu verankern. Auf der anderen Seite versuchen republikanische Politiker im Rahmen des durch „Roe vs. Wade" eröffneten Spielraums den Zugang zu Abtreibungen auf bundesstaatlicher Ebene so weit wie möglich einzuschränken. Dieser besteht etwa darin, höhere Hürden für

Abtreibungen zu errichten, staatliche Subventionen zu stoppen oder Abtreibungskliniken gezielt zu schließen. Der übergeordnete Gedanke dabei: ein neues Grundsatzurteil beim Supreme Court zu erwirken, das „Roe vs. Wade" nichtig werden lassen würde.

Abtreibungsgegner wählen republikanisch, Befürworter demokratisch – das gilt heute quasi als Gesetz. Dies war aber nicht immer so. Vertreter beider großen Parteien stimmten im Verlauf des 20. Jahrhunderts sowohl für wie auch gegen liberale Abtreibungsgesetze. Verbunden ist die allmählich einsetzende Polarisierung unter anderem mit dem Wahlkampf Richard Nixons im Jahr 1972. Der Republikaner, der Kennedy 1960 noch unterlegen war, hatte zusammen mit seinen Wahlkampfstrategen die Taktik entwickelt, katholische und gesellschaftspolitisch konservative Wähler anzusprechen – und präsentierte sich daher als abtreibungskritischer Kandidat. Die Strategie sollte aufgehen: Nixon gewann die Wahl – und die Mehrheit der katholischen Stimmen. Von nun an begannen auch republikanische Kongressabgeordnete, mit einer ähnlichen Taktik in ihre Wahlkämpfe zu ziehen.

Die Demokraten, die bis dahin stets als Partei der Katholiken gegolten hatten, verloren für diese Wählergruppe allmählich ihre Anziehungskraft. Immer mehr christliche und konservative Wähler wandten sich den Republikanern zu. Evangelikale, die heute unter allen christlichen Gruppen in den USA wohl am stärksten mit den Republikanern verbunden sind, fanden dadurch ihren Weg zur Partei. Langsam bildete sich so eine konservative Koalition, die bis heute geschlossen den Republikanern die Treue hält.

Das Urteil „Roe vs. Wade" leistete also einen maßgeblichen Beitrag zur parteipolitischen Polarisierung in der Abtreibungsfrage. Als US-Gerichte im Nachgang zu diesem Urteil immer mehr Gesetze der Abtreibungsgegner blockierten, sahen sich diese quasi gezwungen, sich hinter der Partei zusammenzuschließen, die gerade begonnen hatte, sich den Einsatz gegen straffreie Abtreibungen auf die Fahnen zu schreiben – damals eben Nixons Republikaner.

Es dauerte noch eine gewisse Zeit, bis diese Veränderungen in Statistiken zum Wahlverhalten messbar wurden. Erst seit 1988 stellte das US-Meinungsforschungsinstitut Gallup fest, dass mehr Demokraten als Republikaner einen freien Zugang zu Abtreibungen befürworteten. Im Parteiprogramm der Republikaner war der Lebensschutz zu diesem Zeitpunkt bereits zu einer festen Größe avanciert.

Die Abtreibungsfrage ist nur einer der großen Aspekte, die sich unter dem Phänomen der „Kulturkämpfe" zusammenfassen lassen, den sogenannten „Culture Wars". Weitere zentrale Themen sind zum Beispiel Rechte für Minderheiten, Einwanderung oder Genderpolitik. Zwar schwingt das gesellschaftliche Pendel in den letzten Jahrzehnten immer mehr in die linksliberale Richtung, wie es sich an der rechtlichen Gleichstellung gleichgeschlechtlicher Paare durch den Supreme Court im Jahr 2015 zeigte. Viele Konservative haben sich aber keinesfalls damit abgefunden, auf den zahlreichen Schlachtfeldern der Kulturkämpfe bereits verloren zu haben. Insbesondere wertkonservative Katholiken sind hier als lautstarke Gruppe wahrnehmbar.

Eine weitere Folge der zunehmenden Eingliederung konservativer Katholiken in die Republikanische Partei war, dass sie die marktwirtschaftlich liberalen, kapitalismusfreundlichen Positionen des republikanischen Präsidenten Ronald Reagan weitestgehend übernahmen. So predigte beispielsweise der zum Katholizismus konvertierte konservative Theologe Richard John Neuhaus, dass Kapitalismus und Katholizismus unbedingt vereinbar seien. Es verwundert daher kaum, dass viele konservative Katholiken die kapitalismuskritische Haltung von Papst Franziskus ablehnen. Ganz grundsätzlich hat der Jesuit Jorge Mario Bergoglio, der 2013 zum Papst gewählt wurde, die Polarisierung des US-Katholizismus unfreiwillig noch einmal verstärkt. In kaum einem anderen Land traf Franziskus unter den Bischöfen auf eine derart heftige Opposition wie in den USA: Wenn auch nicht geschlossen kritisch gegenüber dem Papst, ist das Lager jener Bischöfe, die häufig auf Konfrontationskurs mit Franziskus gehen, deutlich größer als der Anteil der Papst-Kritiker unter Amerikas Katholiken insgesamt. Die Skepsis gegenüber dem Papst liegt dabei nicht nur an seiner kritischen Haltung zum westlichen Wirtschaftssystem, sondern auch an einer als progressiv wahrgenommenen Positionierung zu Themen wie Homosexualität, dem interreligiösen Dialog und der Rolle der Frau in der katholischen Kirche.

Joe Biden ist bekannt dafür, ein durchaus konstruktives Verhältnis zu Papst Franziskus zu pflegen. Ähnlich wie Franziskus ist er im positiven Sinne vom Geist des Konzils geprägt. Sein Papst, erklärte Biden einmal selbst, sei Johannes XXIII. Der Maßstab für sein Handeln die katholische Soziallehre. Diese hat ihren Ursprung bereits in dem päpstlichen Lehrschreiben „Rerum novarum" (Über die neuen Dinge) von Papst Leo XIII. (1878–1903) aus dem Jahr 1891. Ihre wesentlichen Bestandteile sind die drei Prinzipien der „Personalität", „Solidarität" und „Subsidiarität". Das bedeutet, dass der Mensch stets im Mittelpunkt des Systems steht, die Gesellschaft also für den Menschen da ist, nicht aber der Mensch für die Gesellschaft (Personalität). Zudem haben Personen wechselseitig Verantwortung füreinander (Solidarität). Aufgaben, die von kleineren Einheiten eines Systems übernommen werden können, sollten auch von diesen übernommen werden (Subsidiarität). Insbesondere der Orden der Jesuiten, dessen geistliche Vertreter Bidens religiöses Umfeld zeitlebens prägten, betont wie kaum ein zweiter die Prinzipien der Soziallehre in der alltäglichen Glaubenspraxis. So war es beispielsweise der deutsche Theologe und Jesuitenpater Oswald von Nell-Breuning, der maßgeblich an der von Papst Pius XI. verfassten Sozialenzyklika „Quadragesimo anno" (Im vierzigsten Jahr) mitwirkte. Das päpstliche Lehrschreiben wurde 1931 anlässlich des vierzigsten Jahrestages von „Rerum novarum" veröffentlicht. Darin wird erstmals das Subsidiaritätsprinzip ausführlich definiert und ausformuliert, wie die Kirche eine „solidarische Gesellschaftsordnung" schaffen könne, die das Gemeinwohl befördert. Noch heute gilt Nell-Breuning als „Nestor" – und damit als herausragender, wegweisender Vertreter – der katholischen Soziallehre. Immer wieder beruft sich Biden auf die katholische Soziallehre, wenn er auf seinen katholischen Glauben angesprochen wird. Den Glauben im alltäglichen Leben anzuwenden, sei in seiner Familie nie als etwas Heroisches betrachtet worden, äußerte er einmal. Letztendlich komme es nur auf ein paar wesentliche Dinge an: „Würde, die Armen, Integration, Hilfsbereitschaft. Es ist gar nicht so kompliziert. Es ist schwer, ja, aber nicht so kompliziert." Jene grundsätzlichen Prinzipien, die Biden als junger Erwachsener auch in der Antrittsrede John F. Kennedys zu erkennen glaubte, waren ihm von Kindesbeinen an vermittelt worden.

II.
Kindheit und Jugend –
Wo der Glaube Wurzeln schlug

Scranton, Pennsylvania. In der Arbeiterstadt im Osten der USA, die damals gut 140.000 Einwohner zählte, wurde Joe Biden am 20. November 1942 geboren, hier verbrachte er nach mehreren Umzügen in den ersten Lebensjahren eine prägende Phase seiner Kindheit. Vom schulfähigen Alter bis zum elften Lebensjahr wohnte er zusammen mit seiner Familie in einem zweistöckigen, mit Holzschindeln verkleideten Haus in der North Washington Avenue 2446, das den Großeltern mütterlicherseits gehörte. Es befand sich in jener Gegend, in der sich die kleinen, aber gepflegten Grundstücke der Mittelschicht gelegentlich mit größeren Anwesen abwechselten, die von den hochrangigen Angestellten und Leitern der in der Stadt ansässigen Industriebetriebe bewohnt wurden.

Am 1. September 2008 kehrte Biden für einen Wahlkampfauftritt an seinen alten Wohnort zurück. Erst zehn Tage zuvor hatte er das Angebot angenommen, an der Seite des damaligen Senators und demokratischen Präsidentschaftskandidaten Barack Obama für die Vizepräsidentschaft zu kandidieren. Nun versammelte er einige Dutzend Anwohner und Freunde aus der Nachbarschaft zu einem Treffen im Hof seines alten Wohnhauses und erzählte, wie sehr er Scranton noch immer verbunden sei. „Das ist der Ort, an dem alles zusammengekommen ist", hört man Biden auf einer verwackelten Video-Aufnahme sagen, die den Besuch dokumentiert. „Hier sind meine familiären Werte und mein Glaube miteinander verschmolzen."

Als Kind hatte er sich sogar im Haus verewigt: In seinem Kinderzimmer im Dachgeschoss hinterließ der junge Joey einen Schriftzug an der Wand: „Joe Biden war hier." Da die Worte an jenem 1. September 2008 aber schon lange von den neuen Besitzern des Hauses überstrichen waren, baten sie ihn, noch einmal die Tapete zu signieren. Und so schrieb er mit schwarzem Filzstift auf die Wand: „Ich bin zuhause." Auf dem Video sieht man ihn noch, wie er Hände schüttelt, Nachbarn umarmt und hier und da ein Küsschen auf die Wangen verteilt – Joe Biden in seinem Element.

Jener Besuch in Scranton war eine emotionale Reise in die Vergangenheit, gewiss verbunden mit zahlreichen Erinnerungen. In der Kleinstadt, die geprägt war vom Kohlebergbau, wuchs er auf; dort besuchte er die katholische Grundschule St. Paul's; dort fand er die ersten Freunde. Und auch nachdem die Familie Biden 1953 in einen Vorort von Wilmington im Nachbarstaat Delaware gezogen war, kehrte er zusammen mit seinen Eltern und den drei Geschwistern an den Wochenenden regelmäßig zurück. So konnte der junge Joey an den Samstagen weiterhin den Kontakt zu seinen Freunden aus der Nachbarschaft pflegen, Baseball spielen, ins Kino gehen und die ein oder andere Mutprobe bewältigen.

Der Sonntag aber war der Familie vorbehalten. Und der Besuch der heiligen Messe in der Kirche Saint Paul's gehörte dabei zum Pflichtprogramm. Die Bidens waren praktizierende Katholiken; insbesondere Joeys Mutter, Jean Finnegan Biden, die sich um den Haushalt und die Erziehung der Kinder kümmerte, galt als fromm. Der katholische Glaube war ihr quasi in die Wiege gelegt: Der gesamte mütterliche Zweig der Familie hatte irische Wurzeln. So war es für den jungen Joey in guter Tradition des irischen Katholiken selbstverständlich, an den sonntäglichen Gottesdiensten teilzunehmen. „Die Kirche fühlte sich stets wie ein erweitertes Zuhause an", schreibt Biden in seiner Autobiografie „Promises to keep". Er habe sich schon damals durch die Fragen im Katechismus gearbeitet. „Ich konnte den gesamten Katechismus praktisch auswendig." Das Vaterunser beherrschte er ebenso wie das Glaubensbekenntnis. Ambrose Finnegan, sein

Großvater mütterlicherseits, war es, der ihm beibrachte, den Rosenkranz zu beten. Von Joey und seinen Geschwistern wurde er nur liebevoll „Grandpop" genannt.

Auch nachdem die Bidens weggezogen waren, wohnten die Großeltern weiter in Scranton, North Washington Avenue 2446. Nach dem Kirchenbesuch versammelte sich dort die gesamte Familie. Während das Essen, bereits vorgekocht, im Ofen aufwärmte, konnte der junge Joey am Küchentisch die ersten Fetzen der politischen Diskussionen aufschnappen, die sein Großvater mit den versammelten Verwandten und Freunden führte. Allerdings verstand er damals noch nicht allzu viel von den Debatten über Präsident Truman, seinen Nachfolger Eisenhower oder die neue Hoffnung der Demokraten, Adlai Stevenson.

Der Zusammenhalt in der Familie war für Joey selbstverständlich. Mit seinen drei Geschwistern bildete er eine eingeschworene Gemeinschaft. Sich gegenseitig zu respektieren, aufeinander Acht zu geben, das waren die täglichen Lektionen im Haushalt der Bidens. „Wenn du um etwas bitten musst, ist es schon zu spät", galt als Motto. Vor allem zu seiner Schwester Valerie, drei Jahre jünger als Joe, entwickelte er ein enges Verhältnis. Schon früh schlüpfte sie in die Rolle der Freundin, Vertrauten und Beraterin des älteren Bruders – und sollte diese auch nicht aufgeben, als er später seinen politischen Aufstieg begann. Sie leitete die Kampagnen für sämtliche Senatswahlkämpfe Bidens und auch für dessen gescheiterte Präsidentschaftskandidaturen 1988 und 2008. 2020, bei Bidens drittem und erfolgreichen Anlauf, Präsident zu werden, beriet sie ihn ebenfalls.

Loyalität und Religion: Diese Elemente sorgten in der Familie Biden für den Zusammenhalt. Biden fasst es folgendermaßen zusammen: „Meine Vorstellung des Selbstbilds, der Familie, der Gemeinschaft, der weiten Welt, leitet sich direkt aus meiner Religion ab." Geprägt hätten ihn damals gar nicht so sehr die Bibel, die Zehn Gebote oder die Gebete, die er lernte. Vielmehr sei es die mit dem Glauben verbundene Kultur gewesen.

Davon wurde ihm im stark katholisch geprägten Scranton viel geboten. Die Einwanderer mit irischen, italienischen oder polnischen Wurzeln brachten ihren Glauben mit, zahlreiche kleine Kirchen prägten das Stadtbild, und auch ein Kruzifix im Schaufenster eines Warengeschäfts war keine Seltenheit. Begegneten der junge Joey und seine Freunde einer Nonne auf der Straße, wurde sie höflich gegrüßt, und stets hielt man ihr die Tür auf. Auch Priester gab es viele in der Nachbarschaft. Ein „Guten Nachmittag, Pater", war selbstverständlich – man behandelte kirchliche Würdenträger mit Respekt. Auch wenn sich „Grandpop" Finnegan manchmal über Monsignore Vaughan beschwerte, wie Biden es in seinem Buch beschreibt, da dieser immer um Geld bat.

Die weitaus wichtigere Rolle spielten für den jungen Joey aber die Nonnen. Priester gehörten zum Sonntag, so Biden. Die Nonnen waren jeden Tag da. In Scranton waren es die Schwestern vom Orden des Unbefleckten Herzens Mariens. „Überall dort, wo Nonnen waren, fühlte ich mich zuhause." Sie sorgten auch dafür, dass es dem jungen Joey leicht fiel, sich in einer neuen Umgebung zurechtzufinden, nachdem die Familie Biden nach Claymont, einen Vorort von Wilmington, Delaware, gezogen war. Zehn Jahre war er damals alt. Auf der neuen Schule, Holy Rosary, kümmerten sich die Schwestern vom Orden des heiligen Josef um Joey. Sie lehrten ihn Lesen, Schreiben, Mathe, Geografie und Geschichte, aber auch Anstand, Fairness und Tugendhaftigkeit. Ebenso wurden ihm und seinen Mitschülern die Vorstellungen von Selbstlosigkeit und Nächstenliebe vermittelt. „Es war ehrenhaft, einer Dame über die Straße zu helfen; es war ehrenhaft, jemandem auszuhelfen, der weniger hatte; es war ehrenhaft, einzuschreiten, wenn der Rüpel in der Klasse sich jemanden vorknöpfte", schreibt Biden in seiner Autobiografie.

Die Nonnen zeigten dem jungen Joey auch die Grenzen der Selbstlosigkeit auf. Etwa im Unterricht von Schwester Michael Mary: Biden schildert eine Szene, wie die Schwester nur kurz das Klassenzimmer verließ, schon warf einer von Joeys Mitschülern einen Radiergummi durch den Raum. Der blieb auf dem Boden liegen. Als die Schwester zurückkam, stellte sie die zu erwartende Frage: „Wer war es?" Niemand wollte sich schuldig bekennen, und so drohte die Schwester, alle müssten nach dem Unterricht so lange bleiben, bis sich der Übeltäter gemeldet hätte. Da sprang Joey ein: „Ich war's, Schwester!" Alle durften gehen, er blieb zurück. Joey rechnete schon mit der üblichen Strafe, die darin bestand, hundert Mal an die Tafel zu schreiben „Der Weg zur Hölle ist mit guten Vorsätzen gepflastert". Es überraschte ihn jedoch, als die Schwester ihn entlarvte. Er habe etwas zugegeben, was er nicht getan habe. „Das ist bewundernswert." Joey nickte und hoffte, nun doch nach Hause zu dürfen. Doch die Schwester schob hinterher: „Aber du musst trotzdem bleiben." Sie hatte ihn eine Lektion gelehrt: Wenn man einschreitet, muss man auch bereit sein, die Konsequenzen zu tragen.

Sogar beim Sport machten die Nonnen mit. Die Schwestern waren sich nicht zu schade, den Habit zu raffen und über das Baseballfeld zu rennen. Für Joey, der zwar durchaus sportlich war, für sein Alter jedoch immer etwas klein, hatten sie stets aufbauende Worte parat. „Weißt du, mein Bruder war auch klein, Joey, aber er war ein wirklich guter Sportler." Und sie halfen ihm nicht nur beim Sport, sondern auch bei einem sehr viel größeren Problem, das ihn über die gesamte Kindheit und Jugend hinweg schwer belastete: sein Stottern. Wenn seine Klassenkameraden ihn deswegen auslachten, setzten sich die Schwestern für ihn ein, unterbreiteten sogar Vorschläge, wie er das Stottern bekämpfen könne.

Umso lebhafter blieb Biden auch Jahrzehnte später noch ein Vorfall in Erinnerung, der so gar nicht in das Bild zu passen schien, das er sonst von seinen verehrten Schwestern hatte. Biden selbst nennt es in seiner Autobiografie den „Sir Walter Raleigh Vorfall". Nach einem weiteren Umzug in eine etwas angesehenere Gegend von Wilmington besuchte Joey, nun zwölf Jahre alt, die siebte Klasse der katholische Schule Saint Helena's. Um beim lauten Vorlesen vor der Klasse nicht ins Stottern zu verfallen, lernte er ganze Passagen von Texten auswendig, um sie dann nicht lesen zu müssen, sondern flüssig aufsagen zu können. Sein Absatz an jenem Tag: „Sir Walter Raleigh war ein Gentleman. Er legte seinen Mantel ab und breitete ihn über den Schlamm aus, sodass die Dame ihre Schuhe nicht schmutzig machen würde." Als er an der Reihe war – er sprach ganz flüssig – unterbrach ihn die unterrichtende Schwester mitten im Satz. Gentleman – das Wort müsse er noch einmal wiederholen. Joey, aus dem Tritt gebracht, fing an zu stottern. Und die Schwester imitierte ihn: „Mr. B-b-b-b-Biden". Wütend und gekränkt stand Joey auf, verließ auf der Stelle das Klassenzimmer und lief die drei Kilometer nach Hause. Seine Mutter, von der Schulleitung bereits über das Verhalten ihres Sohnes informiert, erwartete ihn schon. Prompt setzte sie ihn ins Auto, und gemeinsam fuhren sie wieder zur Schule zurück. Unterwegs erzählte Joey seiner Mutter seine Perspektive der Geschichte. „Mum, sie hat sich über mich lustig gemacht. Sie nannte mich Mr. B-b-b-b-Biden." In Saint Helena's angekommen, verlangte die Mutter auf der Stelle, jene Schwester zu sprechen, die Joey verspottet hatte. Mit dem Vorwurf konfrontiert, verwies diese zunächst auf Joeys ungezogenes Verhalten und behauptete, sie habe gar nichts gesagt. Doch Joeys Mutter ließ nicht locker: „Haben Sie B-b-b-b-Biden gesagt?" Schließlich gab die Schwester es zu. Und Jean Finnegan Biden, die Bösartigkeit so gar nicht leiden konnte und nur auf das Eingeständnis der Schwester gewartet hatte, machte ihrem Ärger Luft. Biden schildert ihre Reaktion in seinen Memoiren folgendermaßen: „Ich konnte sehen, wie sich meine Mutter zu ihrer vollen Größe aufrichtete, ein Meter fünfundfünfzig. Meine Mutter, die so schüchtern war, die die Kirche so sehr respektierte, stand auf, stellte sich direkt vor die Nonne und sagte: ‚Wenn Sie jemals wieder so mit meinem Sohn reden, komme ich zurück und reiße Ihnen das Häubchen vom Kopf.'"

In dieser Reaktion zeigte sich die Maxime von Joeys Mutter, stets das (geistliche) Amt zu respektieren – jedoch nicht zwangsläufig die Person, die es ausübt. Sie pflegte ihren Sohn stets daran zu erinnern, dass er ein Biden sei. Was bedeutete: „Niemand ist besser als du. Und du bist nicht besser als irgendjemand anderes."

Seine große Zuneigung zu den Ordensschwestern hatte Joe Biden durch jenen Vorfall im Jahr 1955 offenbar nicht verloren. Als er 2006 mit einer lokalen Parteifreundin im Bundesstaat Iowa unterwegs war, besuchte er auch das Kloster Saint Francis in der Stadt Dubuque. Jedoch nicht mit leeren Händen. Denn von seiner Mutter hatte er gelernt, dass man Nonnen stets ein Geschenk mitbringt. Schon auf der Grundschule, so erzählt es Biden in „Promises to keep", beschenkten die Schüler die Nonnen vor den Weihnachtsferien mit einer Auswahl erlesener Seifenstücke. „Die Nonnen haben das ganze Jahr nach Lavendel gerochen." Noch heute verbindet er diesen Geruch mit ihnen. Als Mitbringsel für die Nonnen im Kloster Saint Francis entschied er sich nun für Dutzende Becher Eiscreme. Nachdem Biden, der sich als Senator inzwischen einen Ruf als Experte für Außenpolitik erarbeitet hatte, einen Vortrag über die Lage im Irak gehalten hatte, durchlöcherten ihn die Nonnen mit Fragen zu den religiösen Spannungen im Land. Biden fand sich zurückversetzt in die Zeit, als er selbst Schüler war. Nur dass diesmal die Rollen vertauscht waren. Ausgestattet mit dem Segen der Nonnen verließ er das Kloster Saint Francis. Es habe sich angefühlt, schreibt Biden, als wäre er zuhause gewesen.

Bei all den alltäglichen Berührungspunkten mit den Nonnen, der Kirche und der Religion, scheint es naheliegend, dass es der junge Joey in Erwägung zog, selbst einmal eine kirchliche Laufbahn einzuschlagen. In der 2010 erschienenen Biografie „Joe Biden: A Life of Trial and Redemption" von Jules Witcover erinnert sich seine Schwester Valerie, dass viele der irischstämmigen Kinder, die auf eine katholische Schule gingen, Priester oder Nonne werden wollten, „und Joe hat darüber gesprochen". Biden selbst erzählt in derselben Biografie von einem Trappistenpriester, der einmal in die Schule Saint Helena's gekommen sei, um den Jungen eine High School vorzustellen, auf der zukünftige Priester ausgebildet wurden. Nachdem er seiner Mutter davon erzählt hatte, redete sie ihm die Idee aber aus: „Falls du das immer noch willst, wenn du älter bist, dann kannst du dorthin gehen, aber du bist viel zu jung, um diese Entscheidung zu treffen", zitiert Biden seine Mutter.

Jahre später, als er die katholische High School Archmere Academy besuchte, kam Joey wieder der Gedanke, eine Priesterlaufbahn einzuschlagen. Auch wenn er zu diesem Zeitpunkt schon regelmäßig mit Mädchen ausgegangen war, wie er selbst erzählte. Insbesondere das Saint Norbert's College im Bundesstaat Wisconsin, geführt vom Orden der Prämonstratenser, hatte er konkret im Blick. Diesmal war es der Schulleiter der Archmere Academy, der ihn von dem Vorhaben abbrachte: Er solle erst einmal das College besuchen und dann noch einmal darüber nachdenken, ob er tatsächlich Priester werden wolle. Seine Mutter setzte den Schlusspunkt unter die Diskussion. In „A Life of Trial and Redemption" zitiert Joeys Schwester Valerie sie folgendermaßen: „Gut Joey, wenn du unbedingt Priester werden willst. Aber erst einmal gehst du auf die High School und dann aufs College. Und wenn du danach immer noch Priester werden willst, wäre das ein großer Segen, eine wunderbare Sache. Aber du gehst nirgendwohin, ehe du nicht dein Leben ein bisschen gelebt hast."

***

Auf die Archmere Academy zu gehen, kam für Joey einem seiner frühesten Träume gleich. In seiner Autobiografie nennt er jene katholische High School das „Objekt meiner tiefsten Begierde", sein „Oz". Schon als Zehnjähriger träumte er von ihr, offenbar inspiriert von dem damals populären Kinderbuch „Der Zauberer von Oz". Damals, als die Bidens von Scranton nach Claymont gezogen waren, konnte er das imposante Gebäude vom Fenster seines Zimmers aus sehen. Es war die erste echte Villa, die er zu Gesicht bekam. Aus der Umgebung der eintönigen Wohnblocks, Stahlwerke und Ölraffinerien stach das herrschaftliche Anwesen natürlich mit seinen italienischen Marmorsäulen auf einem weitläufigen Grundstück, das sich bis hinunter zum Delaware River erstreckte, heraus. Es musste dem jungen Joey sofort ins Auge springen, denn schon als Kind keimte in ihm ein erstes Interesse für Architektur auf.

Erbaut wurde die Archmere Academy von John Jakob Raskob, jenem New Yorker Unternehmer, der auch am Bau und an der Finanzierung des berühmten Empire State Buildings beteiligt war. Ursprünglich hatte Raskob, der für Biden ein „katholischer Held" war, das Gebäude von Archmere für sich und seine Familie vorgesehen, es dann aber an einen katholischen Orden verkauft. Als Biden Anfang der 50er Jahre davon zu träumen begann, war das Anwesen seit 20 Jahren eine Privatschule. Ein Held war Raskob, dessen Familie deutscher und irischer Herkunft war, für Biden auch deshalb, da er 1928 den Wahlkampf des ersten katholischen Präsidentschaftskandidaten Al Smith organisiert hatte.

Auch wenn Joey nie ein herausragend guter Schüler war, verinnerlichte er dennoch bereits in jungen Jahren den Wert der Bildung im Leben. Den hatte ihm sein Vater, Joseph Biden Sr., von Kindesbeinen an vermittelt. Biden Sr. hatte es sein Leben lang bereut, selbst über keinen höheren Schulabschluss zu verfügen. Joey sollte der erste in der Familie Biden werden, der das College besuchte. Die Botschaft seines Vaters fasst Biden folgendermaßen zusammen: „Joey, deinen Abschluss kann man dir nie nehmen. Man kann dir deinen Job nehmen, dein Geld und deine Rente. Aber man kann dir nie deine Bildung nehmen."

Dabei war Joeys Vater auch ohne Studium zunächst durchaus

wohlhabend gewesen: Schon der Großvater, Joseph H. Biden, hatte es dank eines reichen Onkels, der erfolgreicher Unternehmer war, selbst zu einem gewissen Reichtum gebracht. Und so wuchs auch Biden Sr. mit den Vorzügen eines finanziell mehr als sorgenfreien Lebens auf. Feine Kleidung, schnelle Autos, sogar ein Privatflugzeug gehörten für ihn zum Alltag. Während des Zweiten Weltkriegs leitete er in Boston die Zweigstelle eines Unternehmens, das Dichtungsmittel für Handelsschiffe der US-Marine herstellte. Er häufte ein kleines Vermögen an.

Mehrere Versuche, sich nach dem Krieg selbstständig zu machen, scheiterten jedoch. Als er mit einem alten Freund ein Möbelgeschäft eröffnen wollte, ließ ihn dieser sitzen und verschwand mit all dem Geld, das eigentlich in das Geschäft fließen sollte. Auch die nächste Geschäftsidee, Apfelbäume und Kartoffelfelder per Flugzeug mit Pestiziden zu besprühen, war nicht von Erfolg gekrönt. 1948 kehrte die Familie schließlich an Bidens Geburtsort Scranton zurück und lebte dort unter dem Dach von „Grandpop" Finnegan. Joseph Biden Sr. hielt die Familie mit Gelegenheitsjobs über Wasser, ehe er in Wilmington als Autoverkäufer eine gewisse Kontinuität in sein von Höhen und Tiefen geprägtes Berufsleben brachte. Zwar beschwerte er sich nie, er vergaß jedoch auch nie die glorreiche Vergangenheit in der besseren Gesellschaft.

Joey indes entwickelte in Archmere allmählich seine Persönlichkeit. Im ersten Jahr wurde er von den Mitschülern zwar noch wegen seines Stotterns verspottet. Sie gaben ihm den Spitznamen „Joe Impedimenta". Dabei griffen sie auf ein Wort zurück, das sie im Lateinunterricht gelernt hatten (es lässt sich mit „Hemmnis" übersetzen). Es beschrieb nur allzu gut das Hindernis, das Joeys Erfolg zunächst im Weg zu stehen schien. Dies spornte ihn aber nur noch mehr an, seinen Makel endlich zu überwinden. Unermüdlich rezitierte er zuhause vor dem Spiegel lange Passagen aus einschlägigen Werken der Literatur, beispielsweise aus denen des irischen Dichters William B. Yeats und des amerikanischen Schriftstellers Ralph Waldo Emerson, akribisch darauf bedacht, seine Gesichtsmuskeln entspannt zu halten.

Zusätzlichen Antrieb gab ihm dabei ein Onkel aus dem mütterlichen Familienzweig, Edward Blewitt, wenn auch eher unfreiwillig: Denn dieser litt ebenfalls unter einem Stottern und schob es manchmal als Ausrede dafür vor, dass er – trotz eines College-Abschlusses – beruflich nie wirklich erfolgreich war. Zudem merkten sogar der junge Joey und seine Geschwister, dass Onkel Boo-Boo, wie er aufgrund des Stotterns genannt wurde, gerne zu tief ins Glas schaute. „Ich liebte Onkel Boo-Boo", schreibt Biden in seinen Memoiren. „Aber ich wollte nie so enden wie er." Das bedeutete für Joey, nur noch härter vor dem Spiegel zu üben. So gelang es ihm schließlich, das Stottern zu überwinden. Und obwohl es ihm lange Jahre einigen Spott eingebracht hatte, sieht er rückblickend das Positive darin: Sein „Impediment" habe sich letztendlich als „Geschenk des Himmels" erwiesen. „Es mit mir mitzuschleppen, hat mich gestärkt und, wie ich hoffte, einen besseren Menschen aus mir gemacht. Und genau die Dinge, die es mich lehrte, stellten sich am Ende als Lektionen heraus, die für mein Leben und für meine eingeschlagene Karriere von unschätzbarem Wert waren."

Auch die Körpergröße, die ihm im Vergleich zu den Klassenkameraden immer gefehlt hatte, holte Joey im Laufe seiner Zeit in Archmere auf. Auffällig gute Leistungen zeigte er im Sport, insbesondere beim Footballspiel. Und auch wenn seine Noten nie über eine „solide Zwei" hinausgingen: Die Mädchen mochten ihn, seine Klassenkameraden ebenso, und schon bald schlüpfte er in die Rolle des Anführers. Die prägende Zeit in Archmere, die Hindernisse, die er dort überwand, bewiesen ihm, dass sein Vater Recht hatte, als er seinen Kindern wieder und wieder ans Herz legte: Im Leben zählt nicht, wie oft man umgeworfen wird, sondern wie schnell man wieder aufsteht. Eine Lektion, an die sich Joe Biden im Laufe der Jahre noch häufig erinnern musste.

III.
Vom Verlust gezeichnet –
Schicksalsschläge in Bidens Leben

Der Rosengarten vor dem Westflügel des Weißen Hauses ist ein beliebter Ort für Pressekonferenzen, Ankündigungen und offizielle Zeremonien. An einem sonnigen Mittwochmorgen Ende Oktober 2015 trat Vizepräsident Joe Biden dort an das Podium, flankiert von seiner Ehefrau Jill und dem damaligen Präsidenten Barack Obama. Im Rahmen einer kurzfristig einberufenen Pressekonferenz wollte er eine folgenschwere Entscheidung ankündigen. Eine Entscheidung, auf die das politische Amerika schon seit langem gewartet hatte. Sichtlich bemüht zu lächeln, teilte Biden an jenem Morgen mit, nicht in das Rennen um die Nominierung seiner Partei für die Präsidentschaftswahlen 2016 einzusteigen.

Der Grund: Biden befand sich gerade in einem schweren Trauerprozess. Erst wenige Monate zuvor, am 30. Mai, war sein ältester Sohn Beau an einer Krebserkrankung gestorben. Er habe immer wieder betont, erklärte Biden im Rosengarten, dass jener Trauerprozess die Tür zu einer aussichtsreichen Wahlkampagne womöglich verschließen werde. „Ich bin zu dem Schluss gekommen: Sie hat sich nun geschlossen." Trauer, so der Vizepräsident, kenne keinen Zeitplan. Sie nehme keine Rücksicht und kümmere sich nicht um solche Dinge wie Abgabefristen, öffentliche Debatten und Vorwahlen. Er betonte aber auch, im Wahlkampf 2016 nicht schweigen zu wollen und schilderte in einer gut zehnminütigen Rede seine Vision des zukünftigen Amerikas.

Beaus früher Tod – er wurde nur 46 Jahre alt – stellte einen schweren Schicksalsschlag für die gesamte Familie Biden dar. Und er riss alte Wunden auf. Denn das Leben hatte Joe Biden nicht mit Leid verschont. Jener jüngste Schicksalsschlag hatte ihn lediglich um eine Präsidentschaftskandidatur gebracht. Ein früherer hätte ihn fast das Leben gekostet. Und wieder ein anderer hätte beinahe verhindert, dass ein junger Joe Biden, gerade einmal 30 Jahre alt, überhaupt in das Karussell des Washingtoner Politik-Betriebs einstieg.

In den letzten Wochen des Jahres 1972 verbrachte Biden viel Zeit in Washington, D.C. Manchmal alleine, oft aber auch in Begleitung seiner jungen Frau Neilia. Es galt, ein geeignetes Haus in der amerikanischen Hauptstadt zu finden, die für Biden bald zum Dreh- und Angelpunkt seines Lebens werden sollte. Ihm war ein kleines politisches Kunststück gelungen: Bei den Senatswahlen Anfang November hatte er den langjährigen republikanischen Senator für Delaware, Caleb Boggs, besiegt – ein Triumph, den ihm kaum jemand zugetraut hatte, schon gar nicht der unterlegene, politisch erfahrene Amtsinhaber.

Mit der tatkräftigen Unterstützung seiner Familie im Rücken – allen voran seiner Geschwister sowie seiner Frau – hatte Biden eine beispiellose Graswurzel-Kampagne aus dem Boden gestampft. Über Monate hinweg waren er und sein Wahlkampfteam in Delaware von Haustür zu Haustür gezogen, hielten bürgernahe Diskussionsrunden an den Kaffeetischen zahlreicher Wohnzimmer ab und sorgten so dafür, dass bald jeder in dem kleinen Bundesstaat den Namen Joe Biden kannte.

Am Tag seines knappen Sieges über den republikanischen Kontrahenten war er zwar noch immer erst 29 Jahre alt, mit seinem 30. Geburtstag zwei Wochen später würde er aber das für den Senat vorgeschriebene Mindestalter erreicht haben. Der Amtseinführung Anfang Januar im folgenden Jahr stand dann nichts mehr im Wege.

Auch privat war Bidens Leben bis dahin wie im Bilderbuch verlaufen. Während der Frühlingsferien auf den Bahamas 1963 lernte er, damals noch Student an der Universität von Delaware, die 20-jährige Neilia Hunter kennen – und verliebte sich der eigenen Schilderung zufolge auf der Stelle in sie. Bereits am Ende der Ferien, nachdem sie sich erst wenige Tage kannten, fassten die beiden den Entschluss, später einmal zu heiraten. Biden war so angetan von Neilia, dass er zuhause gleich allen begeistert von ihr vorschwärmte – zuallererst seiner Schwester.

Auch Neilia, die aus einem gut situierten Elternhaus stammte, da ihr Vater mehrere Restaurants besaß, war sehr fasziniert von Biden. Einer Freundin erzählte sie ausführlich alles über ihre neue Bekanntschaft. Von seinen politischen Ambitionen muss sie dabei ebenso überzeugt gewesen sein wie von seinem Charakter: Mit 30, so behauptete sie, werde er schon Senator sein, „und irgendwann einmal Präsident der Vereinigten Staaten".

Zunächst fuhr Biden an den Wochenenden regelmäßig die knapp 500 Kilometer lange Strecke von Wilmington nach Skaneateles im Bundesstaat New York, um Neilia, die ebenfalls noch bei ihren Eltern wohnte, zu besuchen. Schon bald fasste er den Entschluss, sein Jurastudium an der nahegelegenen Syracuse University zu beginnen. Neilia würde nach Abschluss ihres Studiums als Grundschullehrerin arbeiten.

Die beiden heirateten schließlich im August 1966 – trotz der zwischenzeitlichen Bedenken von Neilias Eltern. Als Presbyterianer mussten sie sich erst daran gewöhnen, dass ihre Tochter einen Katholiken ehelichen wollte. Schließlich gaben sie ihr Einverständnis, und die Trauung fand in einer katholischen Kirche in Neilias Heimatstadt statt. In seiner Autobiografie nennt Biden es eine großzügige Geste von Neilias Vater, der katholischen Trauung zuzustimmen, auch wenn dieser sich bei der Zeremonie offenbar sichtlich unwohl fühlte: „Ich habe noch nie einen Mann gesehen, der beim Betreten einer Kirche so nervös war wie Mr. Hunter", schreibt Biden. „Seine Tochter heiratete einen Katholiken, einen Typen, der fast kein Geld hatte, und der noch dazu Demokrat war." Neilias Eltern hätten die ganze Zeit vor Unbehagen gezittert.

Aus der Ehe mit Neilia gingen schon bald drei Kinder hervor: 1969 kam Joseph R. Biden III, genannt Beau, zur Welt, ein Jahr später Hunter. 1971 wurde die Tochter Naomi geboren. Im Alltag des jungen Familienvaters und frischgebackenen Senators war somit privat und beruflich für reichlich Aufregung gesorgt. Neben der Suche nach einer passenden Bleibe für die Familie musste sich Biden in Washington auch darum kümmern, ein kompetentes Team von Mitarbeitern zusammenzustellen, die ihn während seiner ersten Amtsperiode im Senat unterstützen würden.

Für den 18. Dezember 1972 standen weitere Bewerbungsgespräche auf der Tagesordnung. Er und Neilia hatten kurz überlegt, an jenem Montag gemeinsam die Zugfahrt von Wilmington nach Washington zu bestreiten, entschieden sich aber dagegen. Neilia würde mit den Kindern zuhause bleiben und Weihnachtseinkäufe erledigen. Da Biden zu dem Zeitpunkt noch nicht als Senator vereidigt war, stand ihm auch noch kein eigenes Büro im Kapitol zur Verfügung. Für die Gespräche mit den potenziellen Mitarbeitern hatte ihm der künftige Senatorenkollege Robert Byrd daher Räumlichkeiten überlassen. Am Nachmittag rief sein Bruder Jimmy aus Wilmington an, bat aber seine Schwester Valerie ans Telefon. Sie hatte ihren Bruder nach Washington begleitet, um ihm bei den Vorbereitungen wie gewohnt unterstützend zur Seite zu stehen. Als sie aufgelegt hatte, sah sie blass aus, beschreibt er die Szene in seinen Memoiren. „Es gab einen kleinen Unfall", erklärte Val. „Kein Grund zur Besorgnis. Aber wir sollten nach Hause fahren." Bei Vals Worten habe er die Katastrophe bereits körperlich spüren können, schildert Biden. „Ich konnte Neilias Abwesenheit schon fühlen." Damals reagierte er nur mit den Worten: „Sie ist tot, nicht wahr?" Seine Schwester antwortete nicht.

Sie wurden so schnell wie möglich nach Wilmington geflogen. Auf dem Weg dorthin versuchte er sich selbst einzureden, dass sicher alles in Ordnung sei. Bei der Ankunft im Krankenhaus wurde er eines Besseren belehrt. Seine Frau war mit den drei Kindern unterwegs gewesen, um wie geplant die weihnachtlichen Besorgungen zu erledigen. Beim Abbiegen an einer Straßenkreuzung übersah sie einen Lastwagen, der das Auto erfasste. Der Fahrer des Lastwagens überlebte – ihm konnte keine Schuld an dem Unfall nachgewiesen werden. Neilia und die kleine Tochter Naomi wurden unmittelbar nach dem Eintreffen im Krankenhaus für tot erklärt. Beau hatte zahlreiche Knochenbrüche, Hunter Kopfverletzungen, davon abgesehen befanden sich die Söhne aber nicht in akuter Lebensgefahr.

Vom einen Tag auf den anderen war Biden der Boden unter den Füßen weggezogen worden. „Ich konnte nicht sprechen, spürte nur diese wachsende Leere in meiner Brust, als ob ich in ein schwarzes Loch gezogen würde." Er fühlte sich taub, „aber es gab Momente, in denen der Schmerz mich wie eine Glasscherbe durchschnitt". Suizid, so schildert es Biden in seiner Autobiografie, sei nicht nur eine Option gewesen, sondern „eine rationale Option". Der Anblick der Söhne Beau und Hunter in den Krankenhausbetten ließ ihn den Gedanken allerdings wieder verwerfen. „Wer würde es meinen Söhnen erklären, wenn auch ich gegangen wäre? Ich wusste, ich hatte keine Wahl, außer darum zu kämpfen, am Leben zu bleiben."

Der tragische Unfall ließ ihn zunächst auch mit Gott hadern. Sein Leben lang sei er im Glauben an einen gütigen Gott erzogen worden, so Biden. An einen Gott, der vergibt, der gerecht ist, an einen liebenden, tröstenden Gott. „Jetzt wollte ich nichts mehr von Gottes Gnade wissen. Keine Worte, kein Gebet, keine Predigt verschafften mir Linderung. Ich hatte das Gefühl, Gott habe mir einen fürchterlichen Streich gespielt, und ich war wütend. Ich fand keinen Trost in der Kirche."

Und dennoch, so berichtete Biden später, gab es in dieser tiefsten Phase der Verzweiflung auch einen Moment, in dem er wieder in Erwägung zog, Priester zu werden. Er sprach sogar mit dem katholischen Bischof von Wilmington über die Option. Dieser habe ihm aber geraten, sich ein Jahr zum Nachdenken zu nehmen. Wenn das Priesteramt dann noch immer sein Wunsch

sei, könne man noch einmal darüber reden. Der Wunsch ver-
flüchtigte sich wieder. Abgesehen von einer politischen Laufbahn sei dies aber „die einzige andere Sache" gewesen, über die
er je nachgedacht habe, „wobei offensichtlich war, dass ich nicht
die Berufung dazu hatte".

Neilia und Naomi wurden auf dem Friedhof „All Saints" in Wilmington beigesetzt. Trotz seiner Trauer richtete Biden zwei Tage
nach dem Unfall im Rahmen eines Gedenkgottesdienstes für
die Verstorbenen das Wort an die 700 versammelten Gäste. Der
Biden-Biograf Jules Witcover zitiert in seinem Buch „A Life of
Trial and Redemption" einen Artikel im „Wilmington Journal"
vom Dezember 1972, der über Bidens Rede berichtete. Seine
Frau und er hätten geahnt, dass etwas passieren würde, so Biden. „Wir hatten uns entschieden, nicht noch ein viertes Kind
zu bekommen, aus Angst, dass ihm etwas passieren würde. Wir
hatten drei wunderbare Kinder. Jetzt habe ich nur noch zwei."
Biden teilte den Trauergästen auch mit, wie stolz er auf seine
Frau sei. „Sie hatte Prinzipien, sie hat jeden gleichbehandelt."
Er werde versuchen, ihrem Beispiel zu folgen. Und er beendete seine Rede mit einem Zitat aus einem Sonett des britischen
Dichters John Milton, das seinen Gemütszustand treffend zu
beschreiben schien: „Ich erwachte, sie floh, und der Tag brachte
meine Nacht zurück."

Das Amt des Senators anzutreten, kam für ihn nach dem Un-
glück zunächst nicht infrage. Delaware könne sich jederzeit einen anderen Senator suchen, so seine Devise, seine Söhne aber
nie einen anderen Vater. Und so informierte er den damaligen
demokratischen Mehrheitsführer im Senat, Mike Mansfield,
dass im Januar 1973 kein Senator namens Joe Biden vereidigt
werde. Mansfield ließ allerdings nicht locker. Immer wieder rief
er Biden an, erkundigte sich nach dessen Zustand und versuchte, ihm eine bevorstehende Zusammenarbeit im Senat schmack-
haft zu machen. Schließlich war es seine Schwester Val, die ihn
zu der Einsicht brachte, dass er beides sein konnte: ein guter

Vater und gleichzeitig ein pflichtbewusster Senator. Letztendlich lenkte er ein. Sechs Monate, vereinbarte er mit Mansfield, würde er es versuchen.

Am 5. Januar 1973 leistete Joe Biden schließlich den Amtseid. Jedoch nicht im Senatsgebäude in Washington, sondern in einer kleinen Kapelle des Krankenhauses in Wilmington. Das Krankenbett seines Sohnes Beau wurde extra für die Zeremonie in den Raum geschoben. Auch zahlreiche weitere Mitglieder der Familie nahmen an der unkonventionellen Amtseinführung teil, ebenso Neilias Eltern und mehrere Fernsehteams. „Ich hoffe, ich kann für euch alle ein guter Senator sein", erklärte Biden. Und er ergänzte: Sollte sich nach sechs Monaten doch herausstellen, er könne nicht gleichzeitig ein guter Vater und ein guter Senator sein, werde er sein Amt niederlegen. Aus sechs Monaten sollten 36 Jahre werden.

Dass er seiner Vaterrolle weiterhin Priorität einräumte, bewies Biden auch, indem er nicht nach Washington zog. Stattdessen pendelte er tagtäglich mit dem Zug. 80 Minuten hin, 80 Minuten zurück. Am Abend zu seinen Söhnen zurückzukehren, war für ihn in jener Zeit das Wichtigste. Seine Schwester zog zusammen mit ihrem Mann bei ihm zuhause ein und bemühte sich, die fehlende Mutter so gut wie möglich zu ersetzen. Überhaupt waren es seine engsten Angehörigen, die in den ersten, schweren Wochen der Trauer nie von seiner Seite wichen und so die Tugend des familiären Zusammenhalts sichtbar unter Beweis stellten.

Allmählich wuchs Joe Biden in seine neue Rolle als alleinerziehender Vater und Senator hinein. In seiner Autobiografie beschreibt er, wie er langsam Frieden mit sich selbst schloss – und mit Gott. „Ich war es leid, in Trauer zu versinken. Ich begann, meinen Zorn gegen Gott als eine unziemliche Form von Egoismus zu sehen." Millionen von Menschen, so Biden, hatten es schlechter als er. „Steh' auf und mach weiter", sagte er sich. „Und lebe."

***

Während seiner ersten Jahre in Washington war Joe Biden ein begehrter Junggeselle. Er galt als charmant, gutaussehend und modebewusst. Daher verwundert es kaum, dass in den Boulevard-Zeitungen stets heftig spekuliert wurde, ob es vielleicht eine neue Frau an seiner Seite gebe. Damit war im März 1975 schließlich Schluss: Bei einem Blind-Date, das sein Bruder Frank organisiert hatte, lernte Biden Jill Jacobs kennen. Frank kannte sie noch aus gemeinsamen College-Zeiten und war überzeugt, sie würde bestens zu seinem älteren Bruder passen.

Damit lag er richtig. Auch der Altersunterschied von mehr als acht Jahren schien keine Hürde darzustellen. Im Gegenteil: Die damals 23-jährige Jill war fasziniert von Biden, den sie als Gentleman wahrnahm. Er wiederum war froh, dass sie sich ganz und gar nicht für Politik interessierte. Denn so konnte er im Umgang mit ihr seine Gedanken auf andere Dinge als die politische Blase in Washington lenken. In der Hauptstadt musste er oft Witze einstecken, da er einer der jüngsten Senatoren war – in Jills Gesellschaft genoss er es, mit Abstand der ältere zu sein.

Mit Bidens Söhnen Beau und Hunter verstand sich Jill von Anfang an ausgezeichnet. So gut, dass sie ihren Vater eines Tages drängten, seiner neuen Freundin doch endlich einen Heiratsantrag zu machen. Biden tat es – 1977 heiratete das Paar. Jill Biden hatte stets Wert darauf gelegt, unabhängig von der Karriere ihres Mannes eigene berufliche Ambitionen zu verfolgen. Während er Sprosse für Sprosse der politischen Leiter erklomm, gab sie Englischunterricht an High Schools und Colleges. Eine Arbeit, die sie bis heute nicht aufgegeben hat: Sie ist die erste amtierende „First Lady", die weiterhin einer beruflichen Tätigkeit nachgeht. Aufgrund der Pandemie fanden ihre Kurse am „Northern Virginia Community College" bislang jedoch nur per Videoschalte statt.

Während Jill an seiner Seite wieder Ordnung in sein Privatleben brachte, sollten sich die Jahre 1987 und 1988 für Biden politisch und persönlich zu einer turbulenten Zeit entwickeln. Einer

Zeit, die ihn persönlich auf die Probe stellte und in der nichts Geringeres auf dem Spiel stand als seine Integrität und seine Ehrlichkeit – Tugenden, die für ihn als Mitglied der Familie Biden über allem standen. Es war eine Zeit, die ihn dem Tod so nahe brachte, wie nie zuvor – und nie wieder danach.

Seine erste Präsidentschaftskandidatur, im Juni 1987 angekündigt, endete abrupt im September desselben Jahres. Einige verbale Fehlgriffe, die über den Sommer hinweg immer mehr mediale Aufmerksamkeit fanden, hatten ihn vorzeitig aus dem Tritt gebracht. Bei mehreren Wahlkampfauftritten im August hatte Biden Zitate aus einer Rede des britischen Labour-Politikers Neil Kinnock verwendet. Darin verwies dieser auf seine Vorfahren, die in Kohlebergwerken gearbeitet hätten und denen sich nie die Möglichkeit eines höheren Bildungsabschlusses eröffnet hatte. Biden gefiel Ton und Inhalt der Rede, weshalb er eifrig aus ihr zitierte, jedoch stets mit dem Hinweis auf den eigentlichen Urheber Kinnock. Bei einer wichtigen Vorwahldebatte der demokratischen Präsidentschaftskandidaten im Bundesstaat Iowa verzichtete er auf den Verweis. Die Botschaft, die beim Publikum ankam: Joe Bidens Vorfahren arbeiteten unter Tage. Was natürlich nicht stimmte. Später übte er Selbstkritik und gestand „eine gewisse Portion Arroganz" ein, da er sich nicht gründlich auf seinen Auftritt vorbereitet hatte. „Ich dachte, ich könnte mich durch das wichtigste Wahlkampf-Event des Sommers quatschen." Da er kein Abschlussstatement vorbereitet hatte, habe er versucht, die Kinnock-Zitate aus dem Gedächtnis wiederzugeben. Dabei, so Biden, fand er nicht die richtige Gelegenheit, um innezuhalten und die Worte dem Labour-Politiker zuzuschreiben.

Es dauerte nicht lange, bis zahlreiche regionale und nationale Medien den Fauxpas aufgriffen. Was von einem Mitarbeiter seines Wahlkampfteams anfangs noch als „Sturm im Wasserglas" bezeichnet wurde, entwickelte sich schnell zu einem Tornado, der all seine Ambitionen auf die Präsidentschaft hinwegzufegen drohte. Weitere Auftritte kamen ans Licht, in denen er sich offensichtlich freimütig der Worte anderer bekannter Politiker, beispielsweise Robert F. Kennedys, bedient hatte, ohne dies zu belegen. Zudem wurde ihm vorgeworfen, während seines Jurastudiums an der Universität Syracuse in den 60er Jahren für einen Aufsatz Passagen aus einer Fachzeitschrift abgeschrieben zu haben. Die Leitung der Universität stellte zwar schon damals fest, dass er lediglich inkorrekt zitiert habe, und der Fall mochte wie eine Lappalie erscheinen: Für Teile der Öffentlichkeit passte dies jedoch in ein sich allmählich abzeichnendes Gesamtbild: das Bild eines Politikers, der es mit Quellen nicht so genau nahm. Und auf dessen Wort daher nicht unbedingt Verlass war. Ihm und seiner Familie machten die öffentlichen Vorwürfe schwer zu schaffen, besonders seiner Frau Jill. In seinen Memoiren schreibt Biden, man habe genau die Sache infrage gestellt, die Jill als seine größte Stärke sah und die er nie allein mit Worten verteidigen konnte: seine Integrität. Darüber hinaus zehrten auch seine Verpflichtungen als Vorsitzender des Justizausschusses im Senat an seiner Belastbarkeit. Dort musste er die Bestätigungsanhörung des Juristen Robert Bork leiten, einem Kandidaten für einen freigewordenen Platz am Supreme Court. Bork, ein vom republikanischen Präsidenten Ronald Reagan vorgeschlagener, äußerst konservativer Rechtsausleger, zog sogleich die Ablehnung zahlreicher progressiver Gruppen auf sich. In dieser Gemengelage war es an Biden, den Drahtseilakt zu vollziehen, einerseits als Leiter der Anhörungen unparteiisch aufzutreten, gleichzeitig aber darauf hinzuwirken, dass Bork letztendlich vom Senat abgelehnt wurde.

Am 23. September, gut eine Woche nach Beginn der Bork-Anhörungen, zog Biden schließlich die Reißleine und stieg aus dem Rennen aus. Eine Entscheidung, die ihm nicht leichtgefallen war, nachdem er zuvor immer wieder versucht hatte, den Geist der Kennedy-Ära heraufzubeschwören. „Ich denke, 1988 wird es um 1960 gehen" zitierte ihn die „New York Times" bereits im

Dezember 1985. „Um Idealismus, nicht um Ideologie, um die Zukunft, nicht um den Status quo."

Sein Rückzug könnte ihm letztlich das Leben gerettet haben: Bereits seit Beginn des Jahres 1987 plagten ihn heftige Kopfschmerzen, für die er keine Erklärung fand. Manchmal breiteten sich die Schmerzen bis in den Nacken aus. Oft gelang es ihm nur mit starken Schmerztabletten – bis zu zehn Stück nahm er am Tag – seine zahlreichen öffentlichen Auftritte zu bewältigen. Alle in seinem Umfeld, schreibt er in seiner Autobiografie, schoben die Schmerzen auf den Stress. Schließlich versuchte er gleichzeitig, Ehemann, Vater, Senator und zwischenzeitlich auch noch Präsidentschaftskandidat zu sein. Während einer außenpolitischen Rede im Bundesstaat New Hampshire im März 1987 musste er sogar den Raum verlassen, da die Schmerzen Schwindelgefühl und Übelkeit verursachten. Doch für Ärzte, so Biden, hatte er keine Zeit.

Über Monate hinweg funktionierte er nur dank der Schmerztabletten. Im Februar 1988 schließlich folgte der Zusammenbruch: Die Universität von Rochester, New York, hatte ihn zu einem Vortrag zum INF-Vertrag über Nuklearraketen eingeladen. Die Zuhörer bereiteten ihm einen warmen Empfang und stellten ihm auch nach seiner Rede noch zahlreiche Fragen. Sie seien so froh gewesen, ihn zu sehen, schreibt Biden, dass er die Bühne kaum habe verlassen können. Gegen elf Uhr am Abend betrat er sein Hotelzimmer. Er überlegte noch, sich etwas zu essen zu bestellen. Dann wurde er bewusstlos.

Fünf Stunden später wachte er auf dem Fußboden auf. Er erinnerte sich an einen „stechenden Schmerz im Nacken, dann durchzuckte etwas wie ein Blitz meinen Kopf, ein mächtiger Stromschlag". Sein Nacken war steif, er konnte sich kaum bewegen. Mit aller Kraft schleppte er sich ins Bett, wo er die Stunden verstreichen ließ, ehe ein Mitarbeiter ihn fand. Im Krankenhaus in Wilmington äußerten die Ärzte bald den Verdacht, dass es sich um etwas Ernsteres handeln könnte. Als seine Frau Jill eintraf, war ein Priester gerade dabei, ihm die letzte Ölung zu geben. Eine Computertomographie lieferte die Diagnose: Biden litt an einem Aneurysma im Gehirn, einer erweiterten Arterie. Es operativ zu entfernen, um ein Platzen und damit den sicheren Tod zu verhindern, war unerlässlich. Biden wurde ins Walter-Reed-Militärkrankenhaus in Washington verlegt, wo Spezialisten die Operation durchführen sollten. Zwar standen die Chancen gut, den Eingriff zu überleben. Jedoch warnten ihn die Ärzte, er könne Folgeschäden davontragen, etwa einen Verlust des Sprachvermögens. In seinen Memoiren erzählt Biden, wie er darauf mit einem Witz reagierte. In Anspielung auf seine verbalen Ausrutscher im Wahlkampf habe er gesagt: „Ich wünschte, das wäre mir letzten Sommer passiert."

Er überstand die Operation. Allerdings entdeckten die Ärzte noch ein zweites, kleineres Aneurysma, das erst dann entfernt werden sollte, wenn er sich ausreichend erholt hatte. Doch der Genesungsprozess verlief zunächst nicht ohne Komplikationen. Die Ärzte stellten ein Blutgerinnsel in seiner Lunge fest, das ebenfalls operativ entfernt werden musste. Im Mai war er schließlich bereit für den Eingriff zur Entfernung des zweiten Aneurysmas. Obwohl keine weiteren Schwierigkeiten auftraten, verbrachte er fast den ganzen Monat im Walter-Reed-Krankenhaus.

Danach begann für ihn zuhause in Wilmington eine lange Phase der Regeneration. Seine Frau sorgte dafür, dass ihm die nötige Ruhe zuteil wurde. Keine Arbeit, keine Telefonate. Als Präsident Reagan anrief, bedankte sie sich für die Anteilnahme, stellte ihn aber nicht zu ihrem Mann durch. Gegenüber der „Washington Post", so schreibt Bidens Biograf Jules Witcover, erklärte Jill rückblickend: „Wäre er im Rennen geblieben, wäre er jetzt schon tot." Mit der Zeit gelangte Biden wieder zu Kräften. Ende August trat er erstmals wieder öffentlich auf. „Die gute Nachricht ist, ich kann wieder alles tun wie zuvor. Die schlechte Nachricht ist, ich kann nichts besser", erklärte er. Am 7. September 1988 bestieg er den Pendelzug nach Washington, um seine Pflichten als Senator wieder wahrzunehmen.

***

Seit 1975 war es für die Familie Biden Tradition, Thanksgiving auf Nantucket zu verbringen, einer kleinen, zu Massachusetts gehörenden Insel vor der amerikanischen Ostküste. Anfangs nur er und Jill, seine beiden Söhne und die 1981 geborene, gemeinsame Tochter Ashley. Mit den Jahren wuchs die Familie immer mehr, und auch die Partner der Kinder und die Enkelkinder reisten mit. 2014 unternahm die Familie den Ausflug allerdings zum letzten Mal mit Beau. Schon im Jahr zuvor war bei ihm ein bösartiger Hirntumor festgestellt worden, ein sogenanntes Glioblastom, das als kaum heilbar gilt. Und so war auch der Kurzurlaub 2014 von der fortschreitenden Krankheit des ältesten Sohnes überschattet.

Zu Beau hatte Joe Biden stets ein sehr enges Verhältnis gepflegt. War es in den ersten Jahren nach jenem tragischen Verkehrsunfall noch der Vater, der sich um seine Söhne kümmerte, wuchsen Beau und Hunter mit zunehmendem Alter immer mehr in eine Berater- und Unterstützerrolle für Biden hinein. Alles deutete darauf hin, dass Beau, verheiratet und Vater zweier Kinder, selbst eine steile Karriere in der Demokratischen Partei bevorstand. Er absolvierte zwei Amtszeiten als Justizminister von Delaware. 2016 wollte er sich für das Amt des Gouverneurs in dem Bundesstaat bewerben.

Es ist nachvollziehbar, dass Biden in seinem ältesten Sohn somit in gewisser Weise seinen Nachfolger sah, der auf dem besten Wege war, in seine politischen Fußstapfen zu treten. Aber er sah noch mehr in ihm: In seinem 2017 erschienenen, sehr persönlichen Buch „Versprich es mir" (im Original: „Promise me, Dad"), das die Krankheit des Sohnes sehr detailliert beschreibt, nennt er ihn „die 2.0-Ausgabe von Joe Biden". Beau, so schreibt er, „hatte das Beste von mir mitbekommen, die Fehler und Unzulänglichkeiten waren indes behoben worden". Irgendwann habe er begonnen, zu seinen eigenen Söhnen aufzublicken. Und er war sich sicher, dass Beau eines Tages für das Amt des US-Präsidenten kandidieren würde.

Die niederschmetternde Krebsdiagnose machte jedoch all jene hochfliegenden Pläne zunichte. Dabei kämpfte Beau äußerst hartnäckig gegen die Krankheit an, ließ keine Therapie-Möglichkeit unversucht, mochte sie auch experimentell und unerprobt sein. Bis zuletzt, so beschreibt es Biden, verlor er nie die Zuversicht und den Optimismus. Beaus Kampf gegen den Krebs erstreckte sich über fast zwei Jahre. Es war ein kräftezehrendes Auf und Ab für ihn und die ganze Familie. Zwischenzeitlich gab es durchaus auch hoffnungsvolle Nachrichten von Seiten der Ärzte, die Biden immer wieder Mut schöpfen ließen, sein Sohn würde den Kampf letztendlich noch gewinnen. Doch meist verschlechterte sich dessen Zustand bald darauf wieder.

Sein Glaube half ihm in jener Zeit, mit dem zunehmenden Verfall seines Sohnes umzugehen. Nachdem die Ärzte die quasi aussichtslose Diagnose eines Glioblastoms gestellt hatten, habe er zum Rosenkranz gegriffen, und er „bat Gott darum, mir die Kraft zu geben, mit dieser Sache fertigzuwerden". Ein anderes Mal habe er im Bett seinen Rosenkranz gebetet und danach ein spontanes Gebet an seine erste Frau Neilia und seine Mutter gerichtet: „Bitte. Bitte. Passt auf Beau auf. Und gebt mir die Kraft zu bewältigen, was auch immer geschieht."

Ablenkung fand er in seiner Arbeit: Trotz des privaten Schicksalsschlags lastete als Vizepräsident eine enorme Verantwortung auf seinen Schultern. Aufgrund seiner langjährigen Erfahrung auf internationaler Ebene, die er als Vorsitzender des Auswärtigen Ausschusses im Senat gesammelt hatte, setzte ihn Barack Obama als Experte für außenpolitische Fragen ein. Während er zuhause auf Neuigkeiten zum Zustand seines Sohnes wartete, telefonierte er mit den Präsidenten und Machthabern in Krisengebieten wie der Ukraine, Mittelamerika oder dem Irak. Und nicht selten reiste er selbst in die Zentren internationaler Konfliktherde.

Die zunehmenden Nachfragen politischer Weggefährten und der Öffentlichkeit zwangen Biden zudem, sich mit einer weiteren Frage zu beschäftigen: Würde er 2016 ins Rennen um die Präsidentschaftskandidatur einsteigen? Mehrere Fakten sprachen dagegen. Er hatte sich noch nicht mit seinen Chancen, Umfragewerten und all den politischen Variablen beschäftigt, die eine potenzielle Kandidatur beeinflussen. Zudem galt Hillary Clinton gemeinhin als die aussichtsreichere Kandidatin. Und über allem lastete die Ungewissheit über Beaus Gesundheitszustand. „Ich dachte wirklich, dass meine Söhne, deren Rat ich inzwischen schätzte und beherzigte, nicht wollten, dass ich die Familie ausgerechnet jetzt den Torturen einer Präsidentschaftskandidatur aussetzte", schreibt er in „Versprich es mir".

Doch er hatte sich getäuscht, wie ihm seine Söhne eines Abends während des letzten gemeinsamen Urlaubs auf Nantucket zu verstehen gaben. „Du musst kandidieren. Ich will, dass du kandidierst", sagte Beau. Nicht zutreffend ist die von manchen Medien kolportierte Geschichte, es sei der letzte Wunsch seines bereits im Sterben liegenden Sohnes gewesen, dass der Vater seinen Hut in den Ring um die Präsidentschaft werfen würde. Die Worte „Versprich es mir, Dad", nach denen Biden auch sein Buch benannt hatte, drückten vielmehr einen anderen Wunsch seines Sohnes aus. Dieser habe sein „Biden-Ehrenwort" erbeten, dass er klarkommen werde, auch wenn Beau den Kampf gegen den Krebs verlieren würde. „Ich versprach es", schreibt Biden.

Am 30. Mai 2015 starb Beau. Fast der gesamte Bundesstaat Delaware, in dem er sehr beliebt gewesen war, trauerte. Mit der amerikanischen Flagge bedeckt, wurde der Sarg zunächst im Parlamentsgebäude der Hauptstadt Dover aufgebahrt. Tausende nahmen dort von ihm Abschied. Zwei Tage später fand ein großer, im Fernsehen übertragener Gedenkgottesdienst in der

Kirche St. Anthony's in Wilmington statt, bei dem auch Präsident Obama eine Trauerrede hielt. Anschließend wurde Beau auf dem Friedhof der Heimatgemeinde der Familie, St. Joseph's on the Brandywine, beigesetzt. Dorthin waren zuvor auch schon die sterblichen Überreste von Neilia und Naomi verlegt worden. Die Planungen und Vorbereitungen für die Trauerfeierlichkeiten zwangen ihn regelrecht, zu funktionieren, so Biden später. Er habe es für seine Pflicht gehalten, „Millionen von Menschen zu zeigen, dass es möglich war, einen schweren Verlust zu überstehen".

Im Rückblick auf die Zeit nach Beaus Tod schildert er in „Versprich es mir", dass es abermals der enge familiäre Zusammenhalt gewesen sei, der ihn die Phase habe durchstehen lassen. „Es ist ein Segen, wenn man schwere Trauer gemeinsam durchleiden kann, wenn man geliebte Menschen um sich hat, die einem den schlimmsten Schmerz nehmen." Darüber hinaus seien es für ihn, der mit dem Tod seiner Frau und seiner Tochter schon Jahrzehnte zuvor einen schweren Verlust erfahren hatte, stets die Rituale seines katholischen Glaubens gewesen, in denen er Trost gefunden habe. „Den Rosenkranz empfinde ich als wohltuend", schreibt Biden. „Und zur Messe gehe ich, um bei mir selbst zu sein, auch mitten in der Menge." Er fühle sich dabei stets allein, „nur ich und Gott". Beim Beten wende er sich nicht nur an Gott, sondern auch an Neilia und seine Mutter, damit sie Fürsprache für ihn einlegten. „Auf diese Weise rufe ich mir in Erinnerung, dass sie immer noch ein Teil von mir sind, in meinem Innern."

Auch Beau war ein gläubiger, praktizierender Katholik gewesen. Seit seinem Tod trägt Biden den Rosenkranz seines Sohnes am linken Handgelenk. Seinen Worten nach hat er ihn noch nie abgenommen. Den Rosenkranz hatte Hunter, Bidens zweiter Sohn, seinem älteren Bruder Beau während eines gemeinsamen Besuchs der Basilika „Unserer Lieben Frau von Guadalupe" in Mexiko geschenkt. Für Biden stellt dieser Rosenkranz auch heute noch eine Verbindung zu seinem verstorbenen Sohn dar, denn die Gebetskette erinnere ihn daran, was dieser von seinem Vater erwartete.

Mehrere Monate nach Beaus Tod sprach Biden auch in einigen Fernsehinterviews über den Verlust und seinen Umgang damit. Immer wieder rang er dabei um Fassung. In einem ausführlichen Gespräch mit dem Chefredakteur der Jesuiten-Zeitschrift „America Magazine", Matt Malone, erklärte er, dass man in der Familie versuche, weniger über den Verlust zu sprechen und vielmehr die Inspiration hervorzuheben, die Beau anderen als Mensch gegeben habe. Während eines Auftritts in der „Late Show" unterhielt er sich mit dem Moderator Stephen Colbert, der als Kind seinen Vater und zwei seiner Brüder bei einem Flugzeugabsturz verloren hatte, über Beau und den Trost, den ihm der Glaube spende. Und er betonte: Es gebe so viele Menschen, die mit einem Verlust konfrontiert seien, der womöglich sogar noch gravierender sei als sein eigener, „und sie haben nicht diese unglaubliche Unterstützung, diese unglaubliche Familie, wie ich sie habe".

In dem Gespräch mit Colbert Anfang September 2015 kam letztlich auch wieder eine andere Frage zur Sprache, die er noch immer nicht beantwortet hatte: die einer möglichen Präsidentschaftskandidatur. Und Biden erklärte, niemand solle für das Amt kandidieren, wenn er den Menschen nicht aufrichtig versprechen könne, all seine Energie und Leidenschaft dafür aufzuwenden. „Und ich würde lügen, wenn ich behauptete, ich wäre schon so weit. Meiner Ansicht nach hat niemand das Recht, dieses Amt anzustreben, wenn er sich nicht zu 110 Prozent dafür einsetzen will." Das war zwar noch keine eindeutige Absage, aber die meisten Beobachter ahnten schon, worauf Bidens Entscheidung letztlich hinauslaufen würde.

Und so kam es, dass er sich an jenem Mittwochmorgen Ende Oktober 2015 im Rosengarten des Weißen Hauses wiederfand, um den Versammelten mitzuteilen, dass er nicht kandidieren

werde. Wenn man wusste, was er in den Wochen und Monaten zuvor durchlitten hatte, konnte man die Entscheidung nur
zu gut verstehen. Doch die Geschichte hielt bekanntlich noch
eine Wendung für Joe Biden bereit, die ihn fünf Jahre später, im
November 2020, doch noch ins Amt des Präsidenten befördern
sollte.

IV.
Geteiltes Leid –
Der Tröster Joe Biden

„ D er Glaube sieht am besten im Dunkeln", erklärte Joe Biden einmal. „Aber für diese neun Familien hier sind dies wahrlich dunkle, dunkle Zeiten." Es war der 28. Juni 2015, und der damalige Vizepräsident war zum regulären Sonntagsgottesdienst in die Emanuel African Methodist Episcopal Church (AME) gekommen, wo wenige Tage zuvor ein weißer Rassist neun Teilnehmer einer Bibelstunde erschossen hatte. Das Attentat in der schwarzen Kirchengemeinde in Charleston, South Carolina, hatte landesweit, aber auch international für Entsetzen gesorgt. Beim Gedenkgottesdienst für die Opfer hielt Barack Obama vielleicht eine seiner bewegendsten Reden als US-Präsident, an deren Ende er die Hymne „Amazing Grace" anstimmte, die schon den amerikanischen Sklaven Hoffnung gespendet hatte.

Unter den Gläubigen, die dem Todesschützen zum Opfer fielen, war auch der Pastor der Gemeinde, Clementa Pinckney. Joe Biden hatte ihn persönlich gekannt, da der Geistliche einen Sitz im Senat des Bundesstaates innehatte. Nur sieben Monate zuvor hatte Pinckney ihm dabei geholfen, im Vorfeld der Kongresswahlen 2014 eine Wahlkampfveranstaltung für Kirchenvertreter zu organisieren. Der Pastor, erst 41 Jahre alt, hinterließ eine Frau und zwei minderjährige Töchter.

Auch Biden nahm an der Gedenkveranstaltung teil. Ihm sei es wichtig gewesen, schreibt er in seinem Buch „Versprich es mir", die Angehörigen der Opfer zu umarmen „und ihnen im Rahmen meiner Möglichkeiten Trost zu spenden". Dennoch wollte er zwei Tage später zum Sonntagsgottesdienst noch einmal nach Charleston kommen, um die trauernde Kirchengemeinde zu unterstützen. Sein Sohn Beau war einen Monat zuvor gestorben, und so hoffte er auch, selbst aufgerichtet zu werden, indem er den Hinterbliebenen in ihrem Schmerz beistand. „Das Spenden von Trost hatte mir schon immer gutgetan, und solche Momente hatte ich gerade dringend nötig", so Biden.

Ursprünglich hatte er vorgehabt, nur unauffällig an dem Gottesdienst teilzunehmen. Dann bat ihn der Pastor allerdings, doch ein paar Worte an die Gemeinde zu richten. Und so stand Biden schließlich vor den versammelten Gläubigen und sagte: „Ich wünschte, ich könnte etwas sagen, das den Schmerz der Angehörigen und der Gemeinde dieser Kirche lindert." Jedoch wisse er aus eigener Erfahrung, „dass sich ein gebrochenes Herz nicht durch Worte heilen lässt". Wie alle Prediger wüssten, gebe es Sekunden, „in denen einen sogar der Glaube verlässt und die Zweifel überhandnehmen".

Dann zitierte er eine Stelle aus Psalm 36, der ihm selbst geholfen habe, schwere Zeiten durchzustehen: *„Herr, deine Liebe reicht, so weit der Himmel ist, deine Treue bis zu den Wolken. Deine Gerechtigkeit steht wie die Berge Gottes, deine Urteile sind tief wie die Urflut. Du rettest Menschen und Tiere, Herr. Wie köstlich ist deine Liebe, Gott! Menschen bergen sich im Schatten deiner Flügel."*

Er schloss seine improvisierte Rede mit den Worten: „Ich bete, dass diese Familien hier Zuflucht unter dem Schatten seiner Flügel finden werden, und ich bete, dass die Liebe, die ihr alle ihnen gezeigt habt – und die Menschen im ganzen Land mir –, dass diese Liebe helfen wird, die gebrochenen Herzen ihrer Familien und auch meines zu heilen."

Wenn es eine auf Joe Biden maßgeschneiderte Rolle gibt, auf die sich langjährige Weggefährten, Freunde und auch politische Gegner einigen können, dann ist es die des Trösters. Insofern gab der Auftritt in der Emanuel A. M. E. Church und die Worte der Zuversicht, die er an die Trauernden richtete, den Blick frei auf Biden in seinem Element. Im Laufe seiner Karriere hielt er zahlreiche Trauerreden – für normale Bürger, Jugendfreunde,

Politiker. Oft verdeutlichte er dabei, dass er das Spenden von Trost als wechselseitigen Prozess verstehe, von dem der Getröstete wie auch der Tröstende selbst profitiere. Gerade das Gefühl des Verlusts, das ihn sein Leben lang begleitete und prägte, ermöglichte es ihm, anderen Trauernden glaubhaft zu vermitteln, dass er sich in ihre schmerzvolle Lage hineinversetzen könne. Manche sagen, dass es gerade diese Eigenschaft war, die viele Amerikaner in ihm den richtigen Mann sehen ließ, um die Führung im Land zu übernehmen, als bereits Hunderttausende einen geliebten Menschen durch die Coronavirus-Pandemie verloren hatten.

Als die Zahl der Amerikaner, die infolge einer Erkrankung an Covid-19 gestorben waren, im Februar 2021 die Marke von einer halben Million überstiegen hatte, brachte Biden in einer zehnminütigen Ansprache an die Nation sein Mitgefühl zum Ausdruck. „Ich kenne das nur zu gut", sagte er an die Hinterbliebenen gewandt. „Ich weiß, wie es sich anfühlt, nicht dabei zu sein, wenn es passiert. Und ich weiß, wie es sich anfühlt, wenn man dabei ist, ihre Hände hält. Dieses schwarze Loch in der Brust – man fühlt sich hineingezogen, in die Schuldgefühle des Überlebenden." Er kenne das Gefühl, auf einen leeren Stuhl am Küchentisch zu blicken, „es spült alles wieder an die Oberfläche, egal wie viel Zeit seitdem vergangen ist, als ob es genau in dem Augenblick passiert wäre". Besonders tragisch sei es, dass so viele der Rituale, die normalerweise helfen würden, den Verlust eines geliebten Menschen zu verarbeiten, nicht zur Verfügung stünden.

Vergleicht man die Dutzende von Anlässen miteinander, bei denen er Worte des Trosts und der Anteilnahme an Trauernde richtete, fällt auf, dass keine von Bidens Reden völlig individuell ist. Vielmehr greift er auf einen beständigen Fundus von Zitaten, Analogien und Glaubenssätzen zurück, wie zum Beispiel: „Die Zeit wird kommen, wenn die Erinnerung an einen geliebten Menschen, den man verloren hat, ein Lächeln auf die Lippen zaubern wird, bevor sie die Augen mit Tränen füllt." Dennoch gelingt es ihm, seine Worte aus tiefster innerer Überzeugung zu vermitteln, hält er stets Blickkontakt, sucht die Nähe zu den Menschen. Und häufig weicht er vom vorgefertigten Redemanuskript ab, was seine Worte stets aufrichtig und authentisch wirken lässt.

In seinen Trauerreden für verstorbene politische Weggefährten stellte Biden immer wieder seinen Ruf als überparteilicher Amtsträger unter Beweis, der stets auch den Kontakt zur Gegenseite suchte. So geschehen im August 2018, als er bei der Trauerfeier für John McCain sprach, einem Urgestein der Republikanischen Partei. „Ich heiße Joe Biden. Ich bin Demokrat. Und ich liebte John McCain." Mit diesen drei kurzen Sätzen begann er seine Rede – und hatte die Trauergäste schon für sich gewonnen. Dann erzählte er, wie er McCain trotz der politischen Differenzen im Laufe der Jahre immer besser kennen und schätzen gelernt habe. „Es geht immer um Vertrauen", erklärte er. „Ich hätte John mein Leben anvertraut, und ich denke, er mir auch das Seine."

McCain, der Barack Obama 2008 im Rennen um die Präsidentschaft unterlegen war, starb genauso wie Bidens Sohn Beau an einem Hirntumor. „Nichts, das irgendjemand sagen oder tun könnte, würde den Schmerz in diesem Moment lindern", so Biden beim Trauergottesdienst. „Aber ich bete, ich bete dafür, dass ihr ein wenig Trost in dem Wissen findet, dass die Welt jetzt den Schmerz aufgrund von Johns Tod mit euch teilt, da ihr John euer ganzes Leben lang mit uns geteilt habt."

Ein aufsehenerregender Akt der Überparteilichkeit war auch seine Trauerrede beim Begräbnis des Südstaaten-Senators Strom Thurmond im Jahr 2003. Thurmond, der nach fast 50 Jahren im Senat im Alter von 100 Jahren gestorben war, galt als äußerst umstrittene Figur, war er doch einer der bekanntesten Befürworter der Rassentrennung. Lange auch ein vehementer Gegner der Bürgerrechtsgesetze, nahm er erst in den 1970er Jahren allmählich eine moderatere Position ein. Thurmond selbst war es, der sich Biden als Trauerredner gewünscht hatte – um die letzten Lacher auf seiner Seite zu haben, wie Biden es ausdrückte. „Wie sollte es sich sonst erklären, dass ein Linksliberaler aus dem Nordosten hier heute als einziger Außenseiter spricht?"

Tatsächlich war zwischen den beiden Männern, deren politische Ansichten lange Zeit unterschiedlicher kaum hätten sein können, über die gemeinsamen Jahrzehnte im Senat eine Art Freundschaft entstanden. Und er wisse, so Biden in seiner Rede, „dass Freundschaft und der Tod sehr viel ausgleichen". Differenzen würden irrelevant, übrig bleibe nur das, „was in unseren Herzen ist". Jeff Nussbaum, ein ehemaliger Redenschreiber Bidens, erklärte gegenüber der „New York Times", dass in Bidens Trauerreden dessen Weltanschauung am deutlichsten zum Ausdruck komme. „Er vergisst jeden Groll und erinnert nur an das Positive", so Nussbaum.

Auch als im Sommer 2020 der Afroamerikaner George Floyd bei einem brutalen Polizeieinsatz in Minneapolis im Bundesstaat Minnesota ums Leben kam, fand Joe Biden Worte des Trostes. Floyds Tod löste eine bis heute anhaltende, landesweite Welle des Protests gegen Rassismus und Polizeigewalt aus. Schon zuvor hatten sich Aktivisten, die der amerikanischen Polizei vorwarfen, bei Einsätzen rassistisch motiviert und mit exzessiver Härte vorzugehen, in der Sammelbewegung „Black Lives Matter" zusammengeschlossen. Diese erfuhr durch Floyds Tod aber noch einmal einen zusätzlichen Popularitätsschub und fand Unterstützer über die Grenzen der Vereinigten Staaten hinaus.

Joe Biden hatte bereits im Wahlkampf betont, wie wichtig ihm der Kampf gegen Rassismus im Land sei. In einer Videobotschaft, die beim Gedenkgottesdienst zu Ehren Floyds abgespielt wurde, sprach er von einem „Tag des Gebets, an dem wir Gottes Plan in unserem Schmerz zu verstehen versuchen." An Floyds kleine Tochter gewandt sagte er: „Ich weiß, du hast viele Fragen." Dabei sollte kein Kind Fragen stellen müssen, die allzu viele schwarze Kinder schon seit Generation hätten stellen müssen. „Warum? Warum ist Daddy nicht mehr da?" Glaube, dem keine Taten folgten, fuhr Biden fort, sei toter Glaube, „und ihr werdet uns an unseren Taten erkennen". Erst wenn es Gerechtigkeit für George Floyd gebe, werde „Amerika wahrhaftig auf dem Weg der Gleichberechtigung sein". Am Tag zuvor hatte Biden Floyds Familie persönlich getroffen, um den Angehörigen seine Anteilnahme zu bekunden.

„Black Lives Matter" sorgte nicht nur für positive Schlagzeilen: So kam es bei Demonstrationen in einigen amerikanischen Städten vereinzelt auch zu gewaltsamen Ausschreitungen, wie etwa in Kenosha, Wisconsin. Wer Biden – wie manch ein Kritiker von rechts – daraufhin vorwarf, ein einseitiges Bild zu zeichnen und ausschließlich die Polizei in der Rolle des Täters zu verorten, verkannte jedoch die Realität. Denn tatsächlich hatte sich Biden in der Vergangenheit auch schon genauso mitfühlend zu Wort gemeldet, wenn Polizisten im Dienst getötet wurden. Im Dezember 2014 beispielsweise, als er eine viel beachtete Trauerrede auf den New Yorker Polizeibeamten Rafael Ramos hielt. Dieser war mit seinem Kollegen Wenjian Liu im Streifeneinsatz im Stadtteil Brooklyn von einem Attentäter erschossen worden – durch die Seitenscheibe des geparkten Polizeiautos. Der Schütze hatte zuvor schon über die Sozialen Netzwerke angekündigt, Polizeibeamte töten zu wollen. Das Attentat auf die beiden Polizisten fand zu einem Zeitpunkt statt, zu dem Amerikas Polizeibehörden im kritischen Fokus der Öffentlichkeit standen: 2014 war es bereits zu mehreren Todesfällen schwarzer Bürger durch unverhältnismäßige Polizeigewalt gekommen.

Dementsprechend angespannt war die Lage, als Biden in der evangelischen Christ Tabernacle Church im New Yorker Viertel Queens ans Pult trat, um den Getöteten zu würdigen. Er habe auf zu vielen Beerdigungen für zu viele Polizisten gesprochen, erklärte er, „zu vielen Beerdigungen für tapfere Frauen und Männer, die für unsere Sicherheit sorgen". Polizisten und ihre Familien seien besondere Menschen, die tagtäglich Opfer erbringen würden, um das Leben besser zu machen. „Danken wir Gott, dass es sie gibt. Danken wir Gott dafür."

Mehr als 20.000 Polizisten waren an jenem Tag nach Queens gekommen, um an der Trauerfeier teilzunehmen und ihre Solidarität mit Ramos zu bekunden. Zur selben Zeit fanden aber auch Demonstrationen gegen Polizeigewalt statt. Die Präsenz von Medien und Politikern war enorm. Doch Biden gelang es, seine Rede jenseits der Tagespolitik, jenseits der Diskussionen über die Sicherheit von Polizisten im Dienst oder schwarzer Bürger im Alltag anzusetzen. Auch indem er sich persönlich an die Hinterbliebenen wandte. Den Söhnen des Verstorbenen versicherte er in Bezug auf ihren Vater: „Er war sehr, sehr stolz auf euch, und selbst wenn es euch jetzt schwerfällt zu glauben, so wird er doch euer ganzes Leben lang immer ein Teil eures Lebens bleiben."

Dass es Biden in seinen Bemühungen zu trösten tatsächlich um die Schicksale der Menschen geht, nicht um politische Aufmerksamkeit, stellte er im Anschluss an seine Rede für Rafael Ramos unter Beweis. Die Trauerfeier für den zweiten getöteten Polizisten Liu war für einen anderen Tag angesetzt, der nicht mit Bidens Terminplan vereinbar war. Um auch dessen Angehörigen die gebührende Anteilnahme zukommen zu lassen, bestand er darauf, ihnen zuhause einen Besuch abzustatten. „Über die Jahre habe ich festgestellt, dass mein Besuch fast immer ein wenig tröstlich für Menschen war, die einen unerwarteten und plötzlichen Verlust erlitten hatten, wenngleich ich dadurch selbst an traurige Zeiten erinnert wurde", schreibt Biden in seinem Buch „Versprich es mir". Wenn er mit Trauernden rede, wüssten diese, dass er aus Erfahrung spreche. „Sie wissen, dass ich ihren tiefen Schmerz spüre."

In dem Buch schildert er, wie er und seine Frau Jill in der Wagenkolonne, mit der ein Vizepräsident stets eskortiert wird, 45 Minuten durch Brooklyn fuhren, um zum Haus der Familie Liu zu gelangen. Dort empfingen ihn die Eltern des Getöteten sowie dessen Ehefrau und zahlreiche Verwandte, die aus dem traurigen Anlass aus China angereist waren. Lius Eltern waren 20 Jahre zuvor in die USA eingewandert. Lius Ehefrau war die einzige, die fließend Englisch sprach. Biden erzählte ihr, wie er seine erste Frau Neilia verloren hatte und wie er lange danach gedacht hatte, nicht mit dem Verlust umgehen zu können. Schließlich, so Biden, habe er Lius Ehefrau jene Botschaft zu vermitteln versucht, mit der er sich schon so oft an Trauernde gewandt hatte. „Die Zeit wird kommen, wenn die Erinnerung ein Lächeln auf Ihre Lippen zaubern wird, bevor sie Ihre Augen mit Tränen erfüllt."

Und Biden tat noch etwas: Er gab ihr seine private Telefonnummer. Momentan seien zwar noch alle für sie da, meinte er. Wenn sie aber irgendwann das Gefühl habe, ihre Familie und Freunde zu sehr zu beanspruchen, „dann nehmen Sie den Hörer ab, und rufen Sie mich an", zitiert Biden in „Promises to keep" sein Angebot von damals. Er habe zwar den Eindruck gehabt, sie würde ihm nicht recht glauben. „Aber ich meinte es ernst", schreibt er. „Ich habe eine lange Liste von Fremden, die meine private Telefonnummer haben. Sie alle dürfen mich gern anrufen, und manche tun es auch."

Ob jene private Telefonnummer noch immer funktioniert, nun da Biden das Präsidentenamt ausübt und angehalten ist, für Telefonate auf die abhörsicheren Verbindungen des Weißen Hauses zurückzugreifen, ist fraglich. Belegt ist dagegen, dass er selbst gerne zum Hörer greift, um mit Menschen in Kontakt zu treten. Im Vorfeld der Wahl beispielsweise wollte er sich täglich zu einem „normalen Bürger" durchstellen lassen. Kein unwesentliches Mittel der Wählergewinnung in Zeiten einer Pandemie, die ihn dazu zwang, den Großteil seines Wahlkampfes von seinem Haus in Delaware aus zu bestreiten.

Der amerikanische Journalist Evan Osnos beschreibt in seinem Buch „Joe Biden: Ein Porträt" (im Original „Joe Biden: The

Life, The Run and What Matters Now"), das er unmittelbar vor der Wahl im November 2020 veröffentlichte, wie Biden im Frühling des Wahljahres mit dem Betreiber einer Kaffeerösterei im Bundesstaat Michigan, Mohammad Quazzas, verbunden wurde. Positiv auf das Coronavirus getestet, befand sich dieser in Quarantäne und verließ über Wochen sein Zimmer nicht. So versuchte er seine Frau und die zwei Kinder zu schützen. Aus einem Anruf, für den Biden eigentlich fünf Minuten vorgesehen hatte, so schildert es Osnos, wurde ein mehr als zwanzigminütiges Gespräch. Einen Mitschnitt der Unterhaltung spielte ihm Quazzas vor. Dieser sei emotional sehr mitgenommen gewesen, auch da die zweijährige Tochter die Krise und die notwendigen Schutzmaßnahmen nicht verstanden habe. „Machen Sie sich keine Gedanken", zitiert Osnos Bidens beschwichtigende Worte. „Ich denke, ihr emotionaler Zustand ist vollkommen gerechtfertigt. Und wie meine Mutter sagen würde: Lassen Sie es heraus."

Beinahe hätte Biden einmal sogar im Fernsehen seine Telefonnummer preisgegeben. In einer Talkrunde des Senders „CNN" im März 2020 redete er über den Kampf gegen das Virus und auch über das Leid, das die Pandemie verursacht habe. „Zwischenmenschliche Verbindungen sind ungemein wichtig", so Biden. Denjenigen, die keinen Kontakt zu anderen Menschen hätten, wollte er schon die Worte „Rufen Sie mich an" zurufen. Mitten im Satz schwenkte er dann um und sagte, er werde nicht seine private Nummer preisgeben. Aber man könne sich jederzeit an sein Wahlkampfteam wenden. Er sei gerne bereit, sich zu unterhalten.

In manchen Situationen waren es auch die Mitglieder seiner eigenen Familie, die er mit tröstenden Worten aufbauen musste. Etwa nach seinem enttäuschenden Abschneiden bei den Vorwahlen der Demokraten im Jahr 2008, als er sich vergeblich um die Präsidentschaftsnominierung seiner Partei bemühte. Gleich zum Auftakt des parteiinternen Ausscheidungsprozesses im

Bundesstaat Iowa erhielt Biden gerade einmal ein Prozent der Stimmen und kam nur auf den fünften Platz. In Jules Witcovers Biden-Biografie erzählt die Tochter Ashley, wie Biden nach der Niederlage seine enttäuschte Familie wieder aufgebaut habe. „Es sollte eigentlich umgekehrt sein, und dennoch sagt mein Vater, wie stolz er auf die Familie ist, welch großartige Arbeit wir geleistet hätten und dass er nichts bedauere." Genau daran habe man seinen Charakter messen können. „Er war der Kandidat, aber anstatt dass wir diejenigen waren, die ihn trösteten, hat er uns getröstet", so Ashley Biden.

***

Joe Biden hat es über die Jahre geschafft, sich den Ruf eines Politikers aufzubauen, dem der Kontakt zu den Menschen wichtig ist, der ihnen Aufmerksamkeit schenkt, sie tröstet, kurz: der mit Menschen umgehen kann. Er geht auf sie zu, sie gehen auf ihn zu. Besonders deutlich zu spüren war dies bei den großen Wahlkampfevents mit Barack Obama. In seinem Porträtbuch erzählt Evan Osnos davon, wie Biden sich oft so lange im Publikum aufgehalten habe, dass der Soundtrack noch einmal von vorne hätte abgespielt werden müssen. Und er zitiert Bidens Chefstrategen Mike Donilon. „Die Musik dröhnt, Leute schreien, um ein Selfie mit ihm zu machen, jemand aus seinem Stab drängt ihn weiter, und er bleibt einfach stehen. Er steht da und redet mit diesem Menschen."

Osnos sprach auch mit dem bekannten TV-Moderator Stephen Colbert, in dessen Sendung Biden schon häufig zu Gast gewesen war. Ein Gespräch, das der Moderator mit Biden vor der Sendung im Backstage-Bereich führte, sei „eines der intensivsten und bewegendsten Gespräche" gewesen, die er je hatte. Was Colbert an Biden besonders hervorhob: dessen Fähigkeit, seinen Schmerz bewusst öffentlich zeigen zu können. „Nur wenige wollen sich mit Leid auseinandersetzen, und zwar nicht nur mit ihrem eigenen Leid, sondern auch mit dem anderer", so Colbert gegenüber Osnos. „Ich glaube, es herrscht so ein Gefühl, dass Schmerz ansteckend ist. Das hat Joe Biden nicht. Er zeigt die Einsamkeit des Schmerzes, und dadurch fühlst du dich weniger allein."

Oft genug in seinem Leben nahm Biden die Rolle des verständnisvollen Trösters ein. Und wenn er es dann selbst einmal nötig hatte, getröstet zu werden, konnte er darauf bauen, dass stets jemand zur Stelle sein würde. Im Juni 2015, beim Trauergottesdienst für Bidens verstorbenen Sohn Beau, war dies Barack Obama. Beim Trauergottesdienst in der Kirche St. Anthony's in Wilmington hielt er die Hauptrede. „Wir beide hatten schon eine ganze Menge durchlebt, aber an jenem Tag in St. Anthony's fühlte ich mich dem Präsidenten näher und war dankbarer für seine Freundschaft als je zuvor", äußerte sich Biden später zu der Rede. Obama hatte darin betont, „dass Beaus Tod eine klaffende Lücke in der Welt hinterlässt". Doch er sicherte Bidens ganzer Familie seine Unterstützung zu. „Michelle und ich, und Sasha und Malia, wir sind ein Teil des Biden-Clans geworden. Wir sind jetzt Ehrenmitglieder. Wir sind immer für euch da und werden es immer sein. Mein Wort darauf als ein Biden."

V.
Biden und Franziskus –
Brüder im Geiste

Es mag zwar keine göttliche Intervention gewesen sein, doch als Papst Franziskus am 12. November 2020 Joe Biden anrief, um ihm zur gewonnenen Präsidentschaftswahl zu gratulieren, dürfte Biden selbst so richtig klar geworden sein, dass er tatsächlich bald ins Weiße Haus einziehen würde. Der unterlegene Amtsinhaber Trump machte damals – wie heute – noch keine Anstalten, seine Niederlage einzugestehen. Während der Vatikan das Telefonat nur bestätigte, ohne auf inhaltliche Details einzugehen, veröffentlichte das Team des gewählten Präsidenten ein Statement, in dem es hieß, Biden habe Franziskus für Glückwünsche und Segen gedankt. Und er habe seine Wertschätzung ausgedrückt, dass der Papst Frieden, Versöhnung und den Zusammenhalt aller Menschen fördere.

Mit seinem Anruf stellte sich Papst Franziskus in eine Reihe zahlreicher Staats- und Regierungschefs weltweit, die Biden zum Wahlsieg gratuliert hatten, nachdem er am 7. November von mehreren großen amerikanischen Medienanstalten zum Gewinner der Wahl erklärt worden war. Trump bastelte zur selben Zeit weiter am Narrativ des großflächigen Wahlbetrugs. Und er bereitete eine Welle juristischer Klagen vor, die letztendlich allesamt ins Leere laufen sollten.

Wesentlich ausführlicher äußerte sich der Papst schließlich am 20. Januar 2021, als er Biden eine offizielle Botschaft zur Amtseinführung übermittelte. Darin wünschte er dem frisch vereidigten Präsidenten „Weisheit und Stärke" zur Ausübung des hohen Amtes. In einer Zeit, in der schwere Krisen „weitsichtige und vereinte Antworten" verlangten, bete er, „dass Ihre Entscheidungen von der Sorge geleitet sein werden, eine Gesellschaft zu errichten, in der echte Gerechtigkeit und Freiheit herrschen, zusammen mit einem unerschöpflichen Respekt für die Rechte und Würde einer jeden Person, insbesondere der Armen, Verletzlichen und derjenigen, die keine Stimme haben". Er bitte Gott darum, so Franziskus abschließend, Biden in dem Bestreben zu leiten, Verständigung, Versöhnung und Frieden in Amerika und zwischen allen Ländern der Erde zu fördern und so zum universalen Gemeinwohl beizutragen. „Mit diesen Gefühlen erteile ich Ihnen und Ihrer Familie sowie dem geschätzten amerikanischen Volk mit Freuden einen reichen Segen."

Von Anfang an stand fest, dass der Vatikan und die Vereinigten Staaten unter Bidens Führung wieder näher zusammenrücken würden. Biden nannte Franziskus vor einigen Jahren „derzeit die mit Abstand beliebteste Person weltweit", und das gelte nicht nur für katholisch geprägte Länder. Der Präsident sieht Franziskus sogar jeden Tag – wenn auch nicht in persona. In seinem Arbeitszimmer im Weißen Haus, dem „Oval Office", hat er ein Bild des argentinischen Papstes aufgestellt, direkt hinter seinem Schreibtisch, inmitten weiterer Aufnahmen, die Biden mit Frau, Kindern und der ganzen Familie zeigen.

Joe Biden und Papst Franziskus, das wird auch aus den zitierten Äußerungen deutlich, betonen immer wieder ähnliche Prinzipien, von denen ihr Handeln bestimmt sei: die Sorge für Arme und Benachteiligte, Dialogbereitschaft, Nächstenliebe. Eben jene Elemente, die sich in der katholischen Soziallehre finden, auf die sich auch Biden immer wieder beruft und die er im Papst verkörpert sieht.

Drei grundsätzliche Feststellungen lassen sich zum künftigen Verhältnis zwischen dem Vatikan und den USA treffen: Die Felder der gemeinsamen Interessen sind einerseits durchaus zahlreich. Andererseits wäre es falsch zu behaupten, Joe Biden und Papst Franziskus würden in Zukunft stets dieselben Ziele verfolgen. Und unter Amerikas Katholiken, insbesondere unter den Amtsträgern der amerikanischen Bischofskonferenz, stoßen beide auf eine lautstarke Opposition.

Was die Zusammenarbeit zwischen Biden und dem Papst angeht, so ist der Klimaschutz sicher eines der drängendsten Themen. Biden nannte den Klimawandel eine „existenzielle Bedrohung" und hat es zu einem Kernanliegen seiner Regierung erklärt, die Emissionen von Treibhausgasen zu reduzieren, um die globale Erwärmung zu bekämpfen. Papst Franziskus wiederum unterstrich in seinem päpstlichen Lehrschreiben „Laudato si" (Gelobt seist du) gleich zu Anfang seines Pontifikats, dass die Sorge um die Zukunft des Planeten für ihn ein Hauptaugenmerk sein werde. „Es besteht eine sehr starke wissenschaftliche Übereinstimmung darüber, dass wir uns in einer besorgniserregenden Erwärmung des Klimasystems befinden", so der Papst in seiner Enzyklika aus dem Jahr 2015. Zahlreiche wissenschaftliche Studien würden zeigen, „dass der größte Teil der globalen Erwärmung der letzten Jahrzehnte auf die starke Konzentration von Treibhausgasen [...] zurückzuführen ist, die vor allem aufgrund des menschlichen Handelns ausgestoßen werden". Franziskus rückte die menschliche Verantwortung für alle Elemente der Schöpfung ins Bewusstsein und mahnte zu einer christlichen Humanökologie, die von einer ganzheitlichen Sicht des Menschen als Ebenbild Gottes ausgeht. Darüber hinaus wies er in den letzten Jahren immer wieder eindringlich darauf hin, dass der Klimawandel eine große Bedrohung für die Menschheit darstelle.

„Laudato si" war auch ganz bewusst wenige Monate vor der Pariser Klimakonferenz im Dezember 2015 veröffentlicht worden, um so unmittelbar auf die Verhandlungen einwirken zu können, aus denen dann das Pariser Klimaabkommen hervorging. Biden, 2015 Vizepräsident, arbeitete schon damals eng mit dem Vatikan zusammen, um Unterstützer für ein umfassendes Abkommen zu gewinnen. Gleich in den ersten Tagen seiner Präsidentschaft sorgte er per Dekret dafür, dass die USA dem Abkommen wieder beitreten würden. Sein Vorgänger Trump hatte 2017 den Austritt angekündigt. Dieser wurde jedoch erst im November 2020 vollzogen.

Ganz ähnlich wie Papst Johannes XXIII., der John F. Kennedy fast 60 Jahre zuvor geholfen hatte, den Planeten vor einer nuklearen Katastrophe zu retten, könnte nun auch Papst Franziskus dazu beitragen, dem Klimanotstand auf der Erde entgegenzuwirken. In jedem Fall kann Biden in ihm auf einen starken Verbündeten zählen, der auch bei US-Katholiken das Bewusstsein für den Klimaschutz schärfen könnte. Immerhin ergab eine Umfrage der amerikanischen Universitäten Yale und George Mason, dass 77 Prozent der weißen US-Katholiken in Sorge um den Planten seien. Und diese Sorge ist berechtigt: Statistischen Erhebungen der „International Energy Agency" zufolge verursachten die USA alleine im Jahr 2017 gut 13 Prozent der weltweit ausgestoßenen Treibhausgase. Damit rangieren sie im globalen Vergleich an zweiter Stelle. Nur China sorgte mit einem Anteil von gut 24 Prozent für noch höhere Emissionen klimaschädlicher Gase.

Ein weiteres Herzensanliegen des Papstes: Migration. Nicht erst seit der Flüchtlingskrise des Jahres 2015 mahnt Franziskus zu einem gemeinsamen Handeln, um eine der größten Herausforderungen des 21. Jahrhunderts zu bewältigen. Man dürfe nicht zulassen, dass Menschen bei ihrer Überfahrt nach Europa im Mittelmeer ertrinken. „Keiner kann angesichts der menschlichen Tragödien gleichgültig bleiben, die sich weiterhin in verschiedenen Weltregionen abspielen", erklärte er im September 2020. Zuvor hatte er die Migration sogar die „Schlüsselfrage für die Zukunft der Menschheit" genannt.

Auch von Joe Biden war schon vor seinem Amtsantritt erwartet worden, er werde sich in der Flüchtlingspolitik deutlich von Trumps harter Linie absetzen. Was er dann in Form mehrerer Präsidialerlasse auch tat. Ein Gesetzentwurf, mit dem Biden das amerikanische Einwanderungsrecht umfassend reformieren will, steht aber noch aus.

Natürlich verfügt Franziskus nicht über die Mittel, direkt auf die amerikanische Migrationspolitik einzuwirken. Er und Biden verfolgen in der Frage aber grundsätzlich eine ähnliche Linie. Sie sind gewissermaßen „Brüder im Geiste". Auch wenn Biden dank seiner politischen Verantwortung in der Praxis sicher immer wieder mit den Grenzen der Willkommenskultur konfrontiert sein wird. Nicht zuletzt mit den Republikanern im Parlament, die auch ohne Trump ein eher restriktives Einwanderungsrecht befürworten.

Auch beim Kampf gegen die Coronavirus-Pandemie verfolgen Joe Biden und Papst Franziskus einen ähnlichen Ansatz. Der Papst legte Ende November 2020 in einem ausführlichen Beitrag für die „New York Times" seine Sicht auf die Krise dar. Franziskus rief zu Solidarität auf, lobte Regierungen, für die das Wohlergehen ihrer Bürger an erster Stelle stünde und kritisierte jene, die die „schmerzlichen Beweise steigender Todeszahlen" einfach ignorierten. Der Papst warnte auch, dass es nur allzu leicht sei, eine Vorstellung wie die von persönlicher Freiheit in eine Ideologie zu verwandeln. Und er sprach von populistischen Politikstrategien, die Macht vor das Wohl der Gesellschaft setzten. Zwar erwähnte Franziskus Donald Trump mit keinem Wort. Es dürfte jedoch jedem klar gewesen sein, dass der Papst mit seinem Appell auch den damaligen US-Präsidenten im Kopf hatte, der die Gefahr des Virus bis zuletzt herunterspielte. Wie ernst Franziskus das Virus tatsächlich nahm, wurde auch daran erkennbar, wie nachdrücklich der Vatikan all seine Angestellten zu einer Corona-Impfung aufforderte.

Biden hatte bereits im Wahlkampf versprochen, als Präsident vom ersten Tag an einen entschlosseneren Kurs im Kampf gegen das Coronavirus zu fahren. Viele Experten sahen darin sogar einen der Hauptgründe für seinen Wahlsieg. So führte Biden das verpflichtende Tragen von Masken ein, setzte auf großflächige Tests und nicht zuletzt auf ein schnelleres Impfverfahren für die ganze Bevölkerung. Sein vielleicht größter Schritt: Er unterzeichnete den „American Rescue Plan", ein 1,9 Billionen Dollar schweres Corona-Hilfspaket, von dem die gesamte Bevölkerung profitieren soll.

Joe Biden hat es auch zum Ziel erklärt, die Todesstrafe landesweit abzuschaffen. Bislang ist diese noch in insgesamt 28 und damit in mehr als der Hälfte aller Bundesstaaten zugelassen. Papst Franziskus könnte ihm in gewissem Sinne als Vorbild dienen: 2018 entschied er sich, die Todesstrafe zu ächten und den Katechismus dementsprechend zu ändern. Unter Paragraf Nr. 2267 heißt es darin nun, die Todesstrafe sei unzulässig, „weil sie gegen die Unantastbarkeit und Würde der Person verstößt". Die katholische Kirche werde sich „mit Entschiedenheit" für deren Abschaffung in der ganzen Welt einsetzen.

Die überwiegende Mehrheit der Katholiken begrüßte den Schritt des Papstes, ebenso wie die amerikanischen Bischöfe. Schon zuvor hatten die meisten Katholiken weltweit die Todesstrafe abgelehnt. Einige konservative Katholiken übten aber auch Kritik, ganz besonders die in der traditionalistischen Szene verwurzelten Gläubigen. Interpretiere man die Weiterentwicklung des Glaubensguts so wie Papst Franziskus, könne man schließlich alles ändern, früher Erlaubtes heute einfach für unzulässig erklären oder Unzulässiges erlauben, so deren Argumentation.

Natürlich sind auch im Fall der Todesstrafe keine unmittelbaren Auswirkungen der päpstlichen Entscheidung auf die amerikanische Politik zu erwarten. Franziskus hat aber einen kulturellen Prozess noch weiter vorangetrieben, der die gesellschaftliche Akzeptanz der Todesstrafe seit Jahrzehnten sinken lässt. Das zeigte sich auch an der breiten Welle der Empörung, mit der international die Entscheidung Trumps aufgenommen wurde, zwischen der Wahl im November 2020 und der Amtseinführung Joe Bidens im Januar noch mehrere Hinrichtungen durchführen zu lassen. Der Ex-Präsident brach so mit einer 130 Jahre alten Tradition, in der Phase des politischen Übergangs auf die Vollstreckung von Todesurteilen zu verzichten.

Neben diesen konkreten Themenfeldern begrüßt man im Vatikan aber auch ganz allgemein das verbindliche, auf Dialog ausgerichtete Klima, das mit Biden im Weißen Haus wieder Einzug gehalten hat, zumal der neue Präsident für Papst Franziskus alles andere als ein Fremder ist. Bei drei Anlässen hatten die beiden bereits die Gelegenheit, einander zu begegnen.

Das erste Aufeinandertreffen fand im März 2013 statt: Als Obamas Vizepräsident nahm Biden gemeinsam mit seiner Schwester Valerie an der Amtseinführung des Papstes im Vatikan teil. Auch wenn die Begegnung nach dem Gottesdienst im Petersdom nicht einmal eine Minute dauerte und nur einen kurzen Wortwechsel zuließ: Bereits nach jenem Treffen brachte Biden seine Faszination für Franziskus zum Ausdruck. „Sie sind hier stets willkommen", sollen die Worte des Papstes gewesen sein.

Eine wesentlich bessere Gelegenheit, einander kennenzulernen, bot sich zweieinhalb Jahre später: Im September 2015 bereiste der Papst anlässlich des katholischen Weltfamilientreffens in Philadelphia für mehrere Tage die USA. Schon vor dessen Ankunft hatte Biden erklärt, „richtig aufgeregt" zu sein, da die ganze Welt zu sehen bekomme, was die grundlegenden Prinzipien seien, die den katholischen Glauben ausmachten. Während Franziskus dann von Washington nach New York und schließlich nach Philadelphia reiste, schien es, als würde Biden kaum von seiner Seite weichen. Man muss sich nur Fotos aus der Zeit des Papstbesuchs anschauen: Es scheint kaum eines von Franziskus zu geben, auf dem im Hintergrund nicht auch ein strahlend lächelnder Joe Biden zu sehen ist. So verhielt es sich auch während der Rede, die der Papst vor dem US-Kongress hielt: Als Vizepräsident saß Biden direkt hinter Franziskus. Und für alle Zuschauer war ersichtlich, mit welchem Stolz es ihn erfüllte, den ersten Auftritt eines Papstes überhaupt vor dem amerikanischen Parlament mitzuerleben.

Die Rede des Katholikenoberhaupts war vom Geist der Überparteilichkeit geprägt, sodass Progressive und Konservative in ihr gleichermaßen Bestätigung für ihre Anliegen finden konnten. Franziskus rief grundsätzlich zu einer Haltung des Dialogs auf, um die drängenden Herausforderungen der heutigen Zeit zu bewältigen. „Wir müssen zusammen voranschreiten, geeint in einem neuerlichen Geist der Brüderlichkeit und der Solidarität, und mit Hingabe für das Gemeinwohl arbeiten." Er mahnte einerseits, Flüchtlingen offen gegenüberzutreten und gegen Umweltzerstörung und die wirtschaftliche Ausbeutung des Planeten vorzugehen. Andererseits hob er auch die Bedeutung von Ehe und Familie für die Gesellschaft hervor und betonte den Wert menschlichen Lebens in all seinen Entwicklungsstadien.

Zu einem weiteren und dem bis dato letzten Aufeinandertreffen kam es im April des darauffolgenden Jahres. Biden nahm an einer Tagung im Vatikan zu „Regenerativer Medizin" teil, bei der auch Papst Franziskus anwesend war. Im Mittelpunkt der Konferenz stand die Krebsforschung – für Biden ein persönliches Anliegen, nachdem sein Sohn Beau erst ein knappes Jahr zuvor an einem Hirntumor verstorben war. Vor und nach der Tagung sprachen Biden und Franziskus auch privat miteinander.

Die derzeit zu beobachtende Normalisierung des Verhältnisses zwischen dem Vatikan und den USA war längst überfällig. Rückblickend lassen sich die Jahre der Trump-Präsidentschaft bestenfalls mit den Worten „förmliche Distanz" zusammenfassen. Auch im Vatikan hatte man 2016 mit einem Sieg der Demokratin Hillary Clinton über Trump gerechnet. Und schon vor der Wahl hatte Franziskus nicht allzu versteckte Kritik an Trump geäußert, etwa indem er erklärte, es sei nicht christlich, Mauern zu errichten. Damit spielte er auf Trumps Vorhaben an, an der mexikanischen Grenze zu den USA eine „gigantische Mauer" zu bauen, um Einwanderer davon abzuhalten, amerikanischen Boden zu betreten. Eine Audienz Trumps im Vatikan 2017 änderte kaum etwas an diesem reservierten Verhältnis. Und auch das Bestreben des Republikaners, sich mit einer abtreibungskritischen

Politik als Beschützer menschlichen Lebens darzustellen, schien den Papst nie wirklich zu überzeugen.

Zwar betonte Franziskus im Laufe seines Pontifikats immer wieder, dass Abtreibung gemäß der katholischen Lehre ein „moralisches Übel" sei. Und auch in seinem „New York Times"-Beitrag zur Corona-Pandemie nannte er es einen Bestandteil der westlichen „Wegwerfkultur", den Schutz von Kindern vor der Geburt als „nebensächlich" zu betrachten. Aber Franziskus ist keiner jener „Kulturkämpfer", die Themen wie Abtreibung, Sexualmoral oder Homosexualität als derart vorrangig betrachten, dass sie den Weg für eine Zusammenarbeit auf allen anderen Feldern versperren würden. „Seit Beginn seines Pontifikats", schreibt der Kirchenhistoriker Massimo Faggioli in seinem Buch zum US-Katholizismus, „bietet Franziskus eine viel breitere Agenda als die der auf Sexualität basierenden ‚Kulturkämpfe'".

Joe Biden, der liberale Abtreibungsgesetze befürwortet, kommt diese Haltung zugute. Gleichzeitig ruft sie aber die Kritik der mehrheitlich konservativen amerikanischen Bischöfe auf den Plan, die regelmäßig betonen, dass insbesondere das Thema Abtreibung von vorrangiger Bedeutung sei. Dabei ist es für den Vatikan unter Franziskus kein neuer Kurs, die Abtreibungsfrage im Dialog mit US-Präsidenten nicht in den Vordergrund zu stellen. Ein Beispiel dafür bot das Verhältnis zwischen dem emeritierten Papst Benedikt XVI. und Barack Obama. Es war konstruktiv, obwohl Obamas Haltung in Sachen Abtreibung sehr liberal war. Im Hinblick auf die Wahrnehmung Bidens und des Papstes in den USA ist ein interessantes gesellschaftliches Phänomen aufgetreten: Der US-Präsident und das Katholikenoberhaupt werden von Amerikas Katholiken fast immer „im Tandem" betrachtet. Soll heißen, wer Joe Biden gut findet, der mag auch Papst Franziskus und umgekehrt. Ähnlich verhielt es sich auch schon unter Bidens Vorgänger, allerdings mit gegensätzlicher Ausrichtung: Wer Trump mochte, konnte in der Regel nur wenig mit Franziskus anfangen, während Trumps Kritiker unter den Katholiken

Franziskus meist sehr schätzten. Natürlich verallgemeinert das die tatsächliche Situation ein wenig, Ausnahmen gibt es immer. Aber im Großen und Ganzen trifft diese Beobachtung zu.

In der Praxis bedeutet das für Biden und Franziskus, dass sie vor einem ähnlichen Problem stehen: Etwa die Hälfte der US-Katholiken begegnet ihnen eher kritisch bis hin zu offen ablehnend. Je konservativer, desto größer scheint tendenziell die Ablehnung. Unter den amerikanischen katholischen Bischöfen ist der Anteil der Konservativen sogar noch höher als unter den einfachen Gläubigen. Hier kann man von einer breiten Mehrheit sprechen, die Biden, insbesondere aber auch Papst Franziskus, mit Skepsis begegnen. Für Biden manifestierte sich jene ablehnende Haltung bereits vor der Präsidentschaftswahl, aber auch unmittelbar danach, wie sich im nächsten Kapitel zeigen wird. Die amerikanische Franziskus-Opposition wiederum reicht quasi bis zum Beginn seines Pontifikats zurück.

Erklären lässt sich diese Opposition neben der bereits angesprochenen Haltung des Papstes zu den „Kulturkämpfen" auch noch anhand einiger weiterer Aspekte. Dazu gehört zum einen der als „links" beziehungsweise „progressiv" wahrgenommene Kurs des Jesuitenpapstes, etwa in der Bewertung des Wirtschaftssystems. Franziskus übte immer wieder Kritik am westlichen Kapitalismus. Oft zitiert wurde sein Satz: „Diese Wirtschaft tötet." Es ist verständlich, dass sich Amerikas Rechte, für die eine liberale Marktwirtschaft, in die der Staat so gut wie nicht eingreift, das angestrebte Ideal darstellt, an solchen Pauschalisierungen stoßen.

Zudem ist vor allem bei konservativen US-Katholiken das Interesse am Kampf gegen den Klimawandel nicht in dem Maße ausgeprägt wie bei Franziskus. Bei nicht wenigen ist kaum das Bewusstsein für die Bedrohung durch eine vom Menschen verursachte Erderwärmung vorhanden. Die regelmäßigen mahnenden Worte des Papstes erwecken bei ihnen eher den Eindruck, als wolle er eine globale linke Agenda durchsetzen. Dass Franziskus seine Sorge stets zum Ausdruck brachte, indem er eine ganzheitliche Sicht auf den Menschen als Gottes Ebenbild zu vermitteln versuchte, ging in der medialen Berichterstattung zu den Appellen des Papstes oft unter.

Amerikas Konservative haben grundsätzliche Schwierigkeiten mit Franziskus und damit, wie dieser die katholische Soziallehre betont. Unabhängig davon, ob man diese nun auf die Wirtschaft, den Klimaschutz oder auf die Einwanderungspolitik anwendet: Meist entsteht ein Konflikt mit den Prinzipien der Republikanischen Partei, in der konservative Christen in Amerika in den letzten Jahrzehnten sich mehrheitlich verortet haben. Denn für die Partei ist es seit jeher eine ihrer Maximen, staatliche Einflussnahme so gering wie möglich zu halten. Das mag in manchen Fällen mit dem bereits erwähnten Subsidiaritätsprinzip in Einklang sein, wonach der Staat nur solche Aufgaben wahrnehmen soll, die kleinere Einheiten, wie etwa die Familie, nicht bewältigen können, lässt aber das Prinzip der Solidarität oft außer Acht. Dass Franziskus beispielsweise auch angesichts der Pandemie in mehreren Generalaudienzen auf die Bedeutung der katholischen Soziallehre verwies, fand im konservativen Milieu kaum Gehör.

Auch die Aussagen des Papstes zur Homosexualität verstimmten viele Konservative. So äußerte Franziskus noch in der Anfangsphase seines Pontifikats die inzwischen fast berühmt gewordenen Worte über Homosexuelle: „Wer bin ich, über sie zu urteilen." Doch man muss differenzieren: Damit zollte der Papst lediglich der Freiheit homosexueller Menschen Respekt, sprach sich aber keinesfalls für eine Anerkennung der gleichgeschlechtlichen Ehe aus. Die Ehe zwischen Mann und Frau, so machte er deutlich, müsse von anderen Verbindungen unterschieden werden. „Die Nähe des Papstes ist eine Nähe des unbedingten Respekts, aber keine Nähe der unbedingten Akzeptanz", brachten der Schweizer Dogmatiker Martin Brüske und der katholische Publizist Bernhard Meuser die Haltung des Papstes zu Homosexuellen

in einem in der katholischen Wochenzeitung „Die Tagespost"
erschienenen Beitrag zum Ausdruck.

Darüber hinaus ist Papst Franziskus in seinem Denken ganz im
Zweiten Vatikanischen Konzil verwurzelt. In keinem anderen
Land ist der Kampf um die Deutung des Konzils jedoch so heftig wie in den USA. Der Kirchenhistoriker Faggioli bringt es
folgendermaßen auf den Punkt: In den 1980er und 90er Jahren hätten sich konservative US-Katholiken noch darauf be-
schränkt, den „Geist des Konzils" zu kritisieren, da dieser ein
theologisch und politisch linksliberales Denken befördert habe,
ohne jedoch die Reformen des Konzils im Kern abzulehnen. Die
„zweite Generation" der Konzilskritiker gehe einen Schritt weiter: „Nicht mehr zufrieden damit, den Geist des Konzils oder
das Konzil als Ereignis zu delegitimieren, lehnen sie das Konzil
und die Erklärungen, die es hervorbrachte, an sich ab."

Von Anfang an machte Franziskus deutlich, dass sein Bild von
der katholischen Kirche ein polyzentrisches ist. In seinem ersten
Lehrschreiben „Evangelii gaudium" (Die Freude des Evange-
liums) sprach er von einer Kirche, die „an die Ränder" gehen
müsse. Selbst ging er mit gutem Beispiel voran und bereiste
noch in den ersten beiden Jahren seiner Amtszeit Länder wie
Brasilien, Südkorea oder Sri Lanka, zuletzt Anfang März 2021
den Irak. Verortet man alle 33 Auslandsreisen des Papstes auf der
Weltkarte, so sind die meisten Regionen ziemlich gut abgedeckt.
Er bemüht sich tatsächlich, auch die „Ränder" aufzusuchen.

Für die amerikanische katholische Kirche wirft Franziskus' Verständnis eines globalen Katholizismus – über den Dissens in
politischen und theologischen Kernthemen hinaus – die Frage
auf, welche Rolle sie in Zukunft spielen wird. Das überwiegend
konservative amerikanische Modell spielt in der Vorstellung, die
Franziskus von der zukünftigen Kirche hat, kaum eine Rolle.
Das bewies er auch immer wieder mit seinen Personalentscheidungen, mit denen er konsequent den Einfluss konservativer
US-Geistlicher beschnitt. So ging beispielsweise der Vorsitzen-

de der US-Bischofskonferenz und Erzbischof von Los Angeles, José Gomez, bei den Kardinalsernennungen des Papstes bislang leer aus. Stattdessen vergab Franziskus den Kardinalshut in der letzten Runde von Ernennungen 2020 an den Washingtoner Erzbischof Wilton Gregory. Dieser gilt als treuer Gefolgsmann des Papstes und hat auch schon bewiesen, dass er gut mit Joe Biden zusammenarbeiten kann. Bereits vier Jahre zuvor hatte sich Franziskus für progressive Amtsträger entschieden, etwa in Person des Erzbischofs von Chicago, Blase Cupich, oder des heutigen Erzbischofs von Newark, Joseph Tobin. Beide berief Franziskus auch in die vatikanische Bischofskongregation. Dies steigert ihren Einfluss ungemein, da sie in der Bischofskongregation auf zukünftige Bischofsernennungen in den USA einwirken können.

Gleichzeitig entmachtete der Papst bereits 2014 den einflussreichen konservativen US-Kardinal Raymond Leo Burke: Er setzte ihn von seinem Posten als Vorsitzender des höchsten Kirchengerichts, der „Apostolischen Signatur", im Vatikan ab. 2010 von Papst Benedikt mit der Kardinalswürde ausgestattet, übte Burke auch öffentlich immer wieder Kritik an Franziskus. So etwa an dessen Umgang mit Homosexualität oder der Entscheidung, wiederverheiratete Geschiedene in begründeten Einzelfällen zur Kommunion zuzulassen. Den emeritierten, also bereits im Altersruhestand befindlichen Erzbischof von Philadelphia, Charles Chaput, ein weiterer konservativer Kritiker des Papstes und auch Joe Bidens, hatte Franziskus dagegen nie in den Kardinalsstand erhoben, obwohl sämtlichen Vorgängern Chaputs im Amt des Oberhirten von Philadelphia in den vergangenen hundert Jahren stets die Kardinalswürde zuteil geworden war.

Hinzu kommt, dass die amerikanischen Bischöfe insgesamt auch unter den Katholiken in den USA an Stellenwert eingebüßt haben. Galten sie früher noch als moralische Autorität, so haben sie diese in den letzten Jahren mehr und mehr verloren. Das liegt einerseits an den Missbrauchsskandalen, die die amerikanische

Kirche seit Beginn der 2000er Jahre erschütterten, aber auch an einem Erstarken alternativer religiöser Netzwerke jenseits der etablierten kirchlichen Strukturen. Ganz allgemein wird zudem auch in den USA die Bedeutung von Religion geringer. Die Gruppe derjenigen, die sich zu den sogenannten „religious nones" (Nicht-Religiösen) zählt, nimmt dagegen kontinuierlich zu. Einer Erhebung des „Pew Research Center" zufolge zählten sich 2019 schon 26 Prozent der Bevölkerung zu dieser Gruppe, während es 2009 noch 17 Prozent waren.

***

Auch wenn Joe Biden mit Franziskus nun auf einen Papst trifft, der ihm mit seinen Personalentscheidungen den Rücken stärkt und auf mehreren Feldern offen für eine Zusammenarbeit ist, verfolgen die beiden nicht in jeder Hinsicht dieselben Ziele. Ein Beispiel dafür ist die Wirtschaft: Zwar ist die Schnittmenge zwischen Franziskus, dessen Kapitalismuskritik von manchen in den USA beinahe als Sozialismus betrachtet wird, und Biden größer als mit den Republikanern. Aber auch für den demokratischen Präsidenten gilt der wirtschaftliche Erfolg seines Landes als einer der wichtigsten Gradmesser für eine gelungene Amtsführung. Vor allem nach den Belastungen durch die Corona-Pandemie sieht Biden eine Priorität darin, für die Erholung der amerikanischen Wirtschaft zu sorgen. Franziskus' Aufforderung, ein auf ständiges Wachstum und Konsum ausgerichtetes Wirtschaftsmodell, das er als „selbstzerstörerisch" betrachtet, radikal zu überdenken, wird vermutlich auch bei Biden auf taube Ohren stoßen.

Auch auf dem Feld der Außen- beziehungsweise Geopolitik gehen die Ansätze Bidens und des Papstes teilweise auseinander. Ohne den Druck eines politischen Amtes ist Franziskus' Herangehensweise oft sehr viel stärker auf Dialog und Diplomatie ausgerichtet. Biden hingegen steht, auch aufgrund der politischen

Opposition in Washington, unter Zugzwang, entschlossen gegenüber autokratischen Ländern aufzutreten, die die Menschenrechte immer wieder missachten.

Beispiele dafür finden sich im Umgang mit China und Russland. Für Biden stellt es eine große Herausforderung dar, wie und ob es überhaupt gelingen kann, die aufstrebende Weltmacht China einzuhegen und gegen das repressive kommunistische Regime vorzugehen, ohne das Land als wichtigen Wirtschafts- und Handelspartner zu verlieren. Er wird aber nicht umhinkommen, den Standpunkt Amerikas und des Westens offensiv zu vertreten, insbesondere was die Menschenrechtslage dort angeht.

Aus dem Vatikan ist indes kaum Kritik an China zu vernehmen. Das hat aber auch taktische Gründe: Man will die im Land lebende katholische Minderheit nicht gefährden. Im September 2018 hatte der Vatikan ein auf zwei Jahre angelegtes Abkommen mit China zu Bischofsernennungen abgeschlossen. Der genaue Inhalt des Papiers, 2020 noch einmal verlängert, ist nicht öffentlich bekannt. Es soll dem Papst jedoch die Möglichkeit geben, chinesische Kandidaten für Bischofsämter prüfen und ernennen zu können. Immer wieder wurde auch Kritik an dem Abkommen laut, da sich Katholiken in China dennoch zunehmender Unterdrückung ausgesetzt sehen. Mike Pompeo, US-Außenminister unter Donald Trump, warf dem Vatikan im Oktober 2020 beispielsweise vor, mit dem Deal seine moralische Autorität aufs Spiel zu setzen.

Ähnlich heikel ist die Situation in Sachen Russland: Auch hier steht Biden vor der Frage, wie man das autoritäre Regime des russischen Präsidenten Wladimir Putin unter Kontrolle bringen kann, ohne das Tischtuch gleich völlig zu zerschneiden. Dass Biden zu handeln bereit ist, zeigte er im März 2021. So verhängte er nach dem mutmaßlichen Giftanschlag der Regierung gegen den Oppositionspolitiker Alexei Nawalny eine Reihe von Sanktionen. Und auch verbal fuhr Biden schwere Geschütze auf: Im Gespräch mit dem Fernsehsender „ABC" verzichtete er auf jegliche diplomatischen Gepflogenheiten und nannte Putin einen „Killer". Der US-Präsident sieht sich trotz alledem weiterhin Forderungen ausgesetzt, noch entschiedener gegen Putin vorzugehen.

Franziskus traf während seines Pontifikats bereits dreimal mit dem russischen Präsidenten zusammen. Trotz der offensichtlichen Spannungen betonte der Vatikan, es sei wichtig, ein „Klima des Dialogs" aufrechtzuerhalten. 2016 ging Franziskus sogar in die Geschichte ein, als er auf Kuba als erster Papst mit einem russisch-orthodoxen Kirchenoberhaupt zusammentraf. Mit Patriarch Kyrill I. unterzeichnete Franziskus eine gemeinsame Erklärung, mit der die Zusammenarbeit von Katholiken und Orthodoxen gestärkt werden sollte.

All das sind jedoch keine grundlegenden Differenzen, die das vatikanisch-amerikanische Verhältnis auf Dauer belasten würden. Dazu sind Joe Biden und Papst Franziskus beide zu sehr darauf aus, das Gemeinsame in den Vordergrund zu rücken. Biden dürfte Franziskus aber auch auf ganz persönlicher Ebene als wertvollen Gesprächspartner in Erinnerung behalten haben. Am Ende seiner Reise in die USA 2015, kurz vor dem Rückflug nach Rom, bat Franziskus Biden und seine Familie im Hangar des Flughafens von Philadelphia noch um ein privates Gespräch. Knapp vier Monate waren seit dem Tod seines Sohnes Beau zu diesem Zeitpunkt vergangen. Der Papst, so erzählte es Biden, habe sich Zeit genommen und tröstende Worte an die Familie gerichtet: „Er sprach nicht einfach nur über Beau, er sprach ausführlich über ihn, darüber, wer er war, über den Wert der Familie, über Vergebung und über Anstand." Diese Werte, die Biden und Franziskus teilen, werden weiterhin die Basis für eine konstruktive Beziehung sein.

VI.
Bidens Gesellschaftspolitik –
Auf Konfrontationskurs mit den Bischöfen

20. Januar 2021. Kaum hatte Joe Biden um die Mittagszeit vor der Kuppel des US-Kapitols in Washington den Amtseid abgelegt, setzte das katholische Investigativ-Portal „The Pillar" folgende Schlagzeile ab: „Vatikan intervenierte, um Statement der US-Bischöfe zu Biden zu verhindern".

Die Mitteilung der amerikanischen Bischofskonferenz zur Amtseinführung eines neuen Präsidenten ist eigentlich eine reine Formsache. In einem ausführlichen Bericht breitete „The Pillar" dann folgende These aus: Das Bischofsstatement hätte eigentlich schon am Morgen desselben Tages publiziert werden sollen. Der Vorsitzende der US-Bischöfe und Erzbischof von Los Angeles, José Gomez, habe sich darin jedoch äußerst kritisch zu Bidens Position in der Abtreibungsfrage äußern wollen. Weshalb sich das vatikanische Staatssekretariat, quasi das „Außenministerium" des Vatikans, eingemischt habe, um zu erreichen, dass das Statement zunächst zurückgehalten werde. Hatte man in Rom Änderungsvorschläge? Wollte der Vatikan den Text überhaupt nicht veröffentlicht sehen? „The Pillar" nannte keinen genauen Grund für die angebliche Intervention des Vatikans.

Am Abend war die offizielle Stellungnahme der US-Bischöfe dann doch auf deren Website einsehbar. Darin betonte Erzbischof Gomez, einer der Wortführer des konservativen Flügels der US-Bischöfe, zwar zunächst ausdrücklich die bischöfliche Überparteilichkeit: „Katholische Bischöfe sind keine parteiischen Spieler im politischen System unseres Landes", hieß es. Man wolle gläubige Katholiken bei einer Vielzahl von Themen in ihrer Gewissensbildung unterstützen, geleitet von moralischen Prinzipien, die sich nicht in die Kategorien „links oder rechts" oder „in das Programm unserer zwei großen politischen Parteien" einteilen ließen. Die Prioritäten der Bischöfe, so Gomez, seien „nie parteipolitisch", da man sich zuvorderst als Katholiken verstehe.

Das war es dann aber auch mit den versöhnlichen Worten. Es folgte eine Auflistung der Themenfelder, auf denen man prinzipiell anderer Meinung als Biden und in „starker Opposition" sei. Der neue Präsident wolle „moralische Übel fördern und das menschliche Leben und dessen Würde, insbesondere auf den Gebieten Abtreibung, Verhütung, Ehe und Gender bedrohen". Um seiner Intention nochmals Nachdruck zu verleihen, ergänzte Gomez: Abtreibung bleibe für die US-Bischöfe das Thema von „vorrangiger Priorität". Man könne nicht schweigen, „wenn fast eine Million ungeborener Leben in unserem Land Jahr für Jahr durch Abtreibung entsorgt werden". Vor allem im direkten Vergleich zu den Worten, die Papst Franziskus kurz zuvor nach Washington geschickt hatte, war der Unterschied im Tonfall eklatant. An ihm verdeutlichte sich abermals, dass der Vatikan und die amerikanischen Bischöfe in den nächsten Jahren wohl einen grundsätzlich anderen Kurs im Umgang mit Biden fahren werden.

Bis heute gibt es keinen Beleg dafür, dass der Vatikan tatsächlich eingegriffen hat, weil ihm der Duktus der Erklärung der amerikanischen Bischöfe zu kritisch gegenüber dem neuen Präsidenten gewesen sei. Es ist aber durchaus vorstellbar, dass der Papst zunächst schriftlich seine Glückwünsche an Biden ausrichten wollte, ehe in der amerikanischen katholischen Medienszene die Biden-kritischen Äußerungen von Erzbischof Gomez die Berichterstattung dominieren würden.

Auch innerhalb der US-Bischofskonferenz fand das Statement zu Bidens Amtsantritt keine einmütige Zustimmung. Schon „The Pillar" hatte in seiner Geschichte berichtet, auch einige amerikanische Bischöfe hätten massive Bedenken geäußert, da die Stellungnahme „unangemessen kritisch" mit Biden umgehe. Den handfesten Beweis dafür lieferte dann der Erzbischof von Chicago, Kardinal Blase Cupich. Er sprach in einer eigenen Stellungnahme von einem „unüberlegten Statement", für das es keinen Präzedenzfall gebe. Für viele Bischöfe sei der Text, den sie erst wenige Stunden vor der Veröffentlichung erhalten hätten, überraschend gewesen, so Cupich, der als Unterstützer von Papst Franziskus gilt.

Am Endes des Tages lieferten die Erklärung der Bischöfe und die mit ihr verbundenen Gerüchte einen weiteren Beleg für zwei bekannte Dinge: Bidens Gesellschaftspolitik, insbesondere seine liberale Position zum Thema Abtreibung, stellt den wohl größten Zankapfel unter Amerikas Katholiken dar. Deren hochrangigste Amtsträger allerdings sind sich selbst nicht einig über die Linie gegenüber dem neuen Bewohner des Weißen Hauses.

Bereits nach Bidens Wahlsieg Anfang November 2020 hatten die Bischöfe für Schlagzeilen gesorgt, indem sie eine Arbeitsgruppe ins Leben riefen, die sich mit der Politik Bidens befassen sollte. Was nichts anderes hieß, als eine Antwort auf die Frage zu finden, wie man mit einem praktizierenden Katholiken im Präsidentensessel umgehen werde, der in der Abtreibungsfrage der Lehre der Kirche widerspreche. Bidens Start mit den katholischen Bischöfen kann man daher bestenfalls als holprig bezeichnen. Dennoch soll er aber auf die Meinung der Bischöfe Wert legen. Bis heute hat er sich jedenfalls in keiner Weise von ihnen distanziert.

Um Joe Bidens Haltung zum Thema Abtreibung – im Zentrum der bischöflichen Kritik, häufig zitiert und häufig auch inkorrekt dargestellt – zu verstehen, bedarf es einer Differenzierung: jene zwischen dem Privatmann Biden und dem Politiker Biden. Mehrmals betonte Biden im Laufe seiner langen politischen Karriere, in der Abtreibungsfrage durchaus der Lehre der katholischen Kirche zu folgen, zumindest was seinen persönlichen Standpunkt betreffe. Im Gespräch mit dem Chefredakteur der Jesuiten-Zeitschrift „America Magazine" erklärte Biden 2015:

„Ich akzeptiere, dass menschliches Leben mit dem Zeitpunkt der Empfängnis beginnt." Wozu er aber nicht bereit sei: „eine konkrete Ansicht, die sich aus meinem Glauben ergibt, anderen Menschen aufzuzwingen, die ebenso gottesfürchtig und der Schutzbedürftigkeit menschlichen Lebens ebenso verpflichtet sind." Damit wiederholte er eine Haltung, die er beispielsweise auch schon im Wahlkampf 2012 vertreten hatte, als er im Fernsehduell der Vizepräsidentschaftskandidaten gegen den Republikaner Paul Ryan auftrat. Kritiker dieser Position werfen Biden deswegen eine gewisse Doppelmoral vor, da er die Trennung zwischen privater und politischer Position bei anderen strittigen Themen wie der Abschaffung der Todesstrafe oder Migration nicht vornimmt. Der Unterschied mag jedoch darin liegen, dass letztere Themen in der gesellschaftlichen Diskussion bei weitem nicht den Stellenwert der Abtreibungsfrage besitzen. Diese weist ein Potenzial zur Polarisierung auf, das in den USA seinesgleichen sucht.

Die Position des Politikers Joe Biden ist deutlich liberaler, hat sich mit den Jahren aber auch gewandelt. Heute vertritt er die Meinung, ein Recht auf einen straffreien Zugang zu Abtreibungen solle in der Verfassung verankert werden. Das bekräftigte er zuletzt in einer Botschaft am 22. Januar 2021 zum 48. Jahrestag des Grundsatzurteils „Roe vs. Wade", das seit 1973 Abtreibungen im ersten Trimester einer Schwangerschaft erlaubt. Ein Recht auf einen Schwangerschaftsabbruch sehe er als Teil der „reproduktiven Gesundheitsvorsorge" an – und er wolle sicherstellen, dass jeder, unabhängig von Einkommen, Herkunft, Wohnort, Versicherungsstatus oder Aufenthaltsstatus, Zugang dazu habe. Als Präsident werde er Richter ernennen, erklärte er in seinem Statement, die „grundlegende Präzedenzfälle wie Roe" respektierten.

Die Kritik der US-Bischöfe folgte auf dem Fuß: Der für das Themengebiet des Schutzes menschlichen Lebens zuständige Erzbischof von Kansas, Joseph Naumann, nannte es „zutiefst verstörend und tragisch", dass ein Präsident ein höchstrichterliches Urteil lobe und gesetzlich verankern wolle, das ungeborenen Kindern ihr grundlegendstes Menschen- und Bürgerrecht abstreite, „unter dem euphemistischen Deckmantel einer Gesundheitsdienstleistung".

Mit seiner Unterscheidung zwischen einer privaten und politischen Meinung nahm Biden eine Haltung ein, die ihn im öffentlichen Diskurs zum Sonderfall machte. Und die ihm Angriffe von beiden Seiten einbrachte. In seiner Autobiografie „Promises to keep" schildert er eine Episode aus seiner Anfangszeit im US-Senat, als für ihn zum ersten Mal eine Abstimmung zur Abtreibungsfrage anstand. Der Supreme Court hatte gerade erst sein wegweisendes, aber umstrittenes Urteil im Fall „Roe vs. Wade" gefällt. Der demokratische Parteikollege Abe Ribicoff fragte ihn auf dem Weg zum Sitzungsraum, wie er abstimmen werde. Biden gestand, vor einer schweren Entscheidung zu stehen, wies aber schon damals darauf hin, persönlich gegen Abtreibung zu sein, jedoch einen Standpunkt, den er aus seinem katholischen Glauben ableite, nicht der Gesellschaft aufzwingen zu wollen. „Ich habe lange darüber nachgedacht, und meine Position gefällt wahrscheinlich niemandem", erklärte er Ribicoff. „Ich denke, die Regierung sollte sich da völlig raushalten." Auf die Nachfrage seines Parteifreunds präzisierte er: „Ich werde nicht dafür stimmen, die Entscheidung des Gerichtshofs rückgängig zu machen. Ich werde nicht dafür stimmen, das Recht einer Frau, sich für eine Abtreibung zu entscheiden, zu beschneiden. Aber ich werde auch nicht dafür stimmen, staatliche Mittel zur Finanzierung von Abtreibungen zu verwenden."

Ribicoff antwortete laut Biden: „Damit hast du einen schweren Stand, Junge." Dessen war sich Biden bewusst. Jeder werde sich über ihn aufregen, meinte er. „Aber ich fühle mich intellektuell und moralisch wohl mit meiner Haltung." Schließlich gab ihm der Parteifreund noch einen Rat mit: „Such dir eine Seite aus. Das wird politisch viel besser für dich sein." In „Promises to keep" schildert Biden dann noch, wie er mehr als 30 Jahre lang auf seinem Mittelweg geblieben sei, die staatliche Finanzierung von Abtreibungen abzulehnen, den grundsätzlichen Zugang zu Schwangerschaftsabbrüchen jedoch nicht einzuschränken. Ein Weg, der ihm das Misstrauen einiger Frauenrechtsgruppen und offene Feindseligkeit von Lebensrechtsorganisationen eingebracht habe.

Ganz korrekt ist diese Darstellung nicht. Denn Biden wich durchaus auch von seinem Mittelweg ab – ehe er ihn in den letzten Jahren fast vollständig verließ. In einem der seltenen Interviews aus den frühen Jahren im Senat, erschienen im Juni 1974, sagte er einer Journalistin, beim Thema Abtreibung sei er „so liberal wie Ihre Großmutter". Das Grundsatzurteil „Roe vs. Wade" gefalle ihm nicht. „Ich denke, es ging zu weit. Ich denke nicht, dass eine Frau das alleinige Recht zu entscheiden hat, was mit ihrem Körper geschieht." Im Jahr 1982 stimmte er im Justizausschuss des Senats sogar für eine Verfassungsergänzung, die „Roe vs. Wade" rückgängig gemacht hätte. In der Verfassung, so lautete der Gesetzesvorschlag, stehe nichts von einem Recht der Frau auf Abtreibung. Daher stünde es jedem Bundesstaat frei, Abtreibungen nach Belieben einzuschränken oder zu verbieten. Im Jahr 2007, als Anwärter auf die Vizepräsidentschaft unter Barack Obama erklärte er wiederum in einer Debatte, voll und ganz hinter „Roe vs. Wade" zu stehen. Gleichzeitig plädierte er auch immer wieder dafür, die Zahl der Abtreibungen so gering wie möglich zu halten. Eine Wende als Politiker vollzog Biden schließlich im Rahmen seiner letzten Präsidentschaftskandidatur: Wohl auch unter dem Druck seiner progressiven demokratischen Konkurrenten um die Nominierung, die sich in der Abtreibungsfrage kontinuierlich weiter nach links bewegten, erklärte er 2019, „Roe vs. Wade" zum unumkehrbaren „Gesetz des Landes" machen zu wollen. Ein Vorhaben, das er in seinem Statement zum Jahrestag des Urteils im Januar 2021 nochmals bekräftigte.

Indem er den Befürwortern einer liberalen Abtreibungspolitik die Hand reichte, zog er nicht nur mahnende Worte der amerikanischen Bischöfe auf sich. Im Oktober 2019 hatte seine Position konkrete negative Auswirkungen auf sein privates Leben: Robert Morey, Pfarrer in der Diözese Florence im Bundesstaat South Carolina, weigerte sich, Biden die Kommunion zu spenden. „Jede öffentliche Person, die Abtreibungen befürwortet, positioniert sich damit außerhalb der Lehre der Kirche", lautete die Begründung des Geistlichen.

Die Forderung, Biden nicht am Kommunionempfang teilnehmen zu lassen, tauchte im Wahlkampf immer wieder einmal auf. So plädierte der emeritierte Erzbischof von Philadelphia, Charles Chaput, in dem konservativen katholischen Medium „First Things" dafür, ihm grundsätzlich die Kommunion zu verweigern. Biden habe im Laufe seines politischen Lebens durch sein Handeln gezeigt, „dass er nicht in vollumfänglicher Gemeinschaft mit der katholischen Kirche steht".

Erinnerungen an den Präsidentschaftswahlkampf 2004 wurden wach. Damals geriet der katholische Kandidat der Demokraten, John Kerry, ebenfalls für seine abtreibungsfreundliche Positionierung in einen Konflikt mit dem konservativen Flügel der Kirche. Ähnlich wie Biden war Kerry praktizierender Katholik, als Kind als Messdiener aktiv, und auch er dachte als junger Mann über einen Eintritt ins Priesterseminar nach. Da er sich aber für ein Recht auf Abtreibung aussprach, forderten mehrere führende US-Bischöfe, ihm nicht die Kommunion zu spenden. Für die Debatten kursierte damals sogar der Begriff „Wafer Wars" (Hostienkriege).

In den ersten Monaten seiner Präsidentschaft hat Joe Biden bereits Entscheidungen zur Abtreibungsgesetzgebung getroffen. Dafür bediente er sich häufig des Mittels der Dekrete, auch Präsidialerlasse genannt, die keiner parlamentarischen Zustimmung bedürfen. Sie gelten nur für die Dauer der laufenden Amtsperiode, und der Kongress kann sie jederzeit mit einer Zweidrittelmehrheit überstimmen. Allerdings verfügen die Republikaner nicht über eine solche Mehrheit: Die untere Kammer, das Repräsentantenhaus, kontrollieren die Demokraten mit 221 von 435 Sitzen. Im Senat herrscht ein Patt von 50 zu 50 Sitzen, nachdem die Demokraten im Bundesstaat Georgia Anfang Januar die Stichwahlen um zwei Senatorenposten gewinnen konnten. Die Vizepräsidentin Kamala Harris kann jedoch jederzeit die entscheidende Stimme zugunsten der Demokraten abgeben. Gleich zu Beginn seiner Amtszeit entschied sich Biden, die sogenannte „Mexico City Policy" abzuschaffen. Die 1984 vom Republikaner Ronald Reagan erlassene Initiative untersagte es der amerikanischen Regierung, ausländische Nichtregierungsorganisationen (NGO), die Abtreibungen fördern, finanziell zu unterstützen. Organisationen, die Abtreibung als Option zur Familienplanung betrachten, konnten aufgrund der Regelung somit auch kein Geld von amerikanischen Steuerzahlern erhalten. Der Schritt kam jedoch nicht überraschend, ist die Initiative doch ein gutes Beispiel für die parteipolitischen Gefechte, die sich Demokraten und Republikaner leisten: Immer wenn ein Machtwechsel im Weißen Haus stattfindet, wird dieses Gesetz abgeschafft oder wieder eingesetzt.

Und noch eine weitere Maßnahme der Vorgängerregierung stellte Biden auf den Prüfstand: Er wies das Gesundheitsministerium (Department of Health and Human Services) an, die von Donald Trump eingeführte „Protect Life Rule" zu überprüfen. Die im März 2020 eingeführte Initiative verbot es staatlich geförderten Frauengesundheitszentren, Überweisungen an Ärzte auszustellen, die Abtreibungen durchführen. Gefördert werden durften zudem nur noch solche Dienstleister, die Abtreibung nicht als Methode zur Familienplanung betrachten.

Unklar ist bislang noch, wie es mit dem sogenannten „Hyde Amendment" aus dem Jahr 1976 weitergeht. Dieses Gesetz verbietet bislang die staatliche Finanzierung von Abtreibungen mit Steuergeldern, gegen die sich auch Biden selbst lange ausgesprochen hat. Im Sommer 2019 erklärte er schließlich, das „Hyde Amendment" nicht länger zu unterstützen. Abschaffen lässt es sich allerdings nur mithilfe des Kongresses. Und derzeit ist es fraglich, ob sich dort in beiden Kammern die nötige Mehrheit finden ließe. Denn es gilt keineswegs als sicher, dass alle demokratischen Senatoren immer einheitlich abstimmen werden, auch nicht in gesellschaftspolitischen Fragen. Wer vor allem in Sachen Abtreibung von der Parteilinie abweichen könnte, ist Joe Manchin. Als einer der wenigen Demokraten, der sich selbst als Abtreibungsgegner bezeichnet, kommt dem Senator aus West Virginia in Zukunft eine bedeutende Rolle zu. Manche nennen ihn bereits den „mächtigsten Mann in Washington", da er bei vielen Abstimmungen das berühmte Zünglein an der Waage spielen könnte.

Eine Debatte über das „Hyde Amendment" war erst Anfang März wieder entbrannt, in Zusammenhang mit dem „American Rescue Plan". Dieses von den Demokraten auf den Weg gebrachte und von Joe Biden unterzeichnete Corona-Hilfspaket soll die Folgen der Pandemie abfedern, indem die US-Bürger üppige finanzielle Zuschüsse, Einmalzahlungen und steuerliche Erleichterungen erhalten. Der Gesamtwert: 1,9 Billionen US-Dollar. Die Republikaner lehnten das Paket jedoch ab, unter anderem da das „Hyde Amendment" darin keine ausdrückliche Erwähnung fand. Somit fürchteten sie, die Hilfsgelder könnten auch zur staatlichen Finanzierung von Abtreibungen verwendet werden. Die US-Bischofskonferenz lobte einige der in dem Paket enthaltenen Maßnahmen, kritisierte aber gleichzeitig, dass darin keine Klausel festgeschrieben sei, die ungeborene Kinder schütze. Der „American Rescue Plan" passierte den Kongress ohne auch nur eine einzige republikanische Stimme.

In jedem Fall wird Abtreibung eines der Themen bleiben, bei dem Joe Biden die katholische Wählerschaft am deutlichsten spaltet. Dass er die andere Seite für sich gewinnen kann, ist kaum vorstellbar. Gleichzeitig muss er aufpassen, nicht die

Gefolgschaft des linken Parteiflügels zu verlieren. Die Siege der Demokraten bei den Präsidentschaftswahlen in vormals republikanischen Hochburgen wie Georgia oder Arizona haben aber gezeigt, dass es eher ein moderater, auf den Dialog mit dem politischen Kontrahenten ausgerichteter Kurs sein dürfte, der zum Erfolg führt. Trotz der knappen Mehrheit in beiden Kammern des Kongresses kann Biden nicht durchregieren. Ohnehin würde dies dem vielmals betonten Ziel zuwiderlaufen, als Präsident aller Amerikaner aufzutreten und das Land zu versöhnen.

***

Es gibt noch ein weiteres strittiges Thema in Zusammenhang mit Bidens gesellschaftspolitischer Positionierung, das bis in seine Zeit als Vizepräsident unter Barack Obama zurückreicht: Der Streit mit den katholischen Ordensschwestern der „Little Sisters of the Poor", auch bekannt als der „Pillenstreit". 2015 zogen die „Little Sisters" gegen einen Passus der im Jahr 2010 eingeführten universalen Krankenversicherung, bekannt als „Obamacare", vor Gericht. Dieser sah vor, dass Arbeitgeber für ihre Mitarbeiter Versicherungen abschließen müssen, die auch kostenlosen Zugang zu sämtlichen von der US-Gesundheitsbehörde FDA zugelassenen Verhütungsmitteln beinhalten. Die US-Bischofskonferenz und viele konservative Katholiken lehnten „Obamacare" daher ab. Manche äußerten nur verbale Kritik, andere betrieben aktiv Lobbyarbeit, um die Einführung von Obamas Krankenversicherung für alle zu verhindern.

Auch der Frauenorden der „Little Sisters" war von der Regel betroffen, Verhütungsmittel für seine Angestellten finanzieren zu müssen. Die „Little Sisters" beriefen sich in ihrer Klage auf die Gewissensfreiheit. Diese sei bedroht, da es nicht mit dem katholischen Glauben vereinbar sei, die Verwendung künstlicher Verhütungsmittel zu fördern.

Im Jahr 2015 erreichte der Streit einen vorläufigen Höhepunkt,

als sich Papst Franziskus während seiner USA-Reise indirekt kritisch zu dem Passus von „Obamacare" äußerte. Der Supreme Court urteilte im Juli 2020 zwar zugunsten der „Little Sisters" und befreite den Orden von der Pflicht, seinen Angestellten Verhütungsmittel zur Verfügung zu stellen. Daraufhin kündigte Biden jedoch an, die Ausnahmeregelung als Präsident gerichtlich anfechten zu wollen. Als Vizepräsident unter Obama hatte er die universale Krankenversicherung zu großen Teilen mit erarbeitet. Konservative Katholiken kritisierten Biden für diese Pläne. So etwa der Theologe George Weigel, einer der führenden katholischen Denker der USA. Er würde Biden von juristischen Schritten abraten, erklärte er gegenüber der katholischen Wochenzeitung „Die Tagespost": „Wenn er das tut, wird es schwer für Biden zu behaupten, er sei ein aufrichtiger Katholik." Seine Versprechungen, das geteilte Land zu heilen, würden damit nichtig. Viele konservative US-Katholiken haben Joe Biden bis heute auch sein Eintreten für ein weiteres progressives Anliegen nicht verziehen: die rechtliche Gleichstellung homosexueller Paare durch den Supreme Court im Juni 2015, die als „Legalisierung der Homoehe" in die amerikanische Geschichte einging. Mit dem Grundsatzurteil „Obergefell vs. Hodges" urteilten die Richter des Supreme Court, dass bundesstaatliche Behörden gegen die in der Verfassung garantierten Grundrechte verstoßen, sollten sie sich weigern, gleichgeschlechtliche Eheschließungen zuzulassen oder anzuerkennen. Das Urteil erging damals mit einer knappen Mehrheit von fünf zu vier Stimmen.
Gleichgeschlechtliche Eheschließungen waren zum Zeitpunkt des Gerichtsurteils bereits in 37 Bundesstaaten erlaubt. Der damalige US-Präsident Barack Obama hatte lange gezögert, sich für eine rechtliche Gleichstellung der Ehe Homosexueller auszusprechen. Und hier kommt Joe Biden ins Spiel: Als Vizepräsident versetzte er Obama und seinen Beraterstab im Mai 2012 in helle Aufregung, als er sich ohne Rücksprache mit dem Präsidenten für die Anerkennung aussprach. Bei einem Auftritt

in der Fernsehsendung „Meet the press" des Senders NBC erklärte Biden, „völlig entspannt" zu sein, wenn „Männern, die untereinander heiraten, Frauen, die untereinander heiraten, und miteinander verheirateten heterosexuellen Männern und Frauen dieselben Rechte, alle Bürgerrechte und alle bürgerlichen Freiheiten gewährt werden".

Obama und sein Team, die sich zu diesem Zeitpunkt bereits in den Vorbereitungen der Kampagne für die Wiederwahl 2012 befanden, ruderten schnell zurück und erklärten, es handele sich nicht um eine offizielle Kurskorrektur der Regierung. Dennoch setzte Biden den Präsidenten mit seinen Bemerkungen, ob gewollt oder ungewollt, unter Druck, seine Haltung zu überdenken. Obama, der bis zu diesem Zeitpunkt nur eingetragene Lebenspartnerschaften für gleichgeschlechtliche Paare befürwortet hatte, galt im Privaten zwar ebenfalls als Befürworter der gleichgeschlechtlichen Ehe. In einigen von beiden politischen Parteien umkämpften Wechselwählerstaaten wie Ohio, Pennsylvania oder Virginia lehnten die Bürger die Homosexuellen-Ehe jedoch mehrheitlich ab. Eine allzu deutliche Positionierung hätte dort im Wahlkampf geschadet.

Joe Biden hat seit seiner Amtseinführung als US-Präsident unter Beweis gestellt, dass es ihm ein Anliegen ist, die Rechte all derjenigen Personen zu stärken, die ihre geschlechtliche Identität als nicht-binär oder ihre Orientierung nicht als heterosexuell betrachten (LGBT-Personen), auch auf die Gefahr hin, dafür Kritik aus dem konservativ-katholischen Milieu zu ernten. Gleich in der ersten Woche seiner Amtszeit erließ er mehrere Dekrete zur Förderung der Rechte von LGBT-Personen.

Da Dekrete jedoch nur zeitlich begrenzte Gültigkeit besitzen, wollen die Demokraten jene Rechte mit dem sogenannten „Equality Act" endgültig gesetzlich verankern. Der Gesetzesentwurf sieht vor, dass LGBT-Personen in wichtigen Lebensbereichen vor Diskriminierung geschützt sind, wie etwa im Berufsleben, bei der Wohnungssuche, im Bildungsbereich oder bei der Kreditvergabe. Dazu sollen bestehende Bürgerrechtsgesetze, allen voran der „Civil Rights Act" aus dem Jahr 1964, dahingehend erweitert werden, dass sie auch die sexuelle Orientierung und die Geschlechtsidentität als „schützenswerte Charakteristika" betrachten.

Die US-Bischöfe warnten schon länger vor dem Gesetz, sie fürchten dadurch eine Diskriminierung gläubiger Menschen. In einer Stellungnahme hieß es, der „Equality Act" würde „neue und polarisierende Standpunkte" zum Thema Gender verbreiten. Die Bischöfe wiesen auch darauf hin, dass Papst Franziskus betont habe, dass „das biologische Geschlecht und die sozio-kulturelle Rolle des Geschlechts unterschieden, aber nicht voneinander getrennt werden" könnten. Zudem könne der „Equality Act" auch so ausgelegt werden, dass er ein Recht auf Abtreibung beinhalte, „womit die wertvollen Rechte auf Leben und Gewissensfreiheit verletzt werden". Dass Biden den umstrittenen „Equality Act" tatsächlich unterzeichnen wird, ist allerdings eher unwahrscheinlich, da die geschlossene Unterstützung aller Demokraten im Senat fehlt.

Während die US-Bischofskonferenz Bidens bisherige LGBT-Politik durchweg kritisch bewertete, wurden auch andere Stimmen laut. Acht US-Bischöfe, unter ihnen der als Anhänger des liberalen Flügels geltende Kardinal von Newark, Joseph Tobin, unterschrieben Ende Januar 2021 eine Erklärung, die junge LGBT-Personen unterstützen sollte. „Gott hat euch geschaffen, Gott liebt euch und Gott ist auf eurer Seite", hieß es darin. Im Gespräch mit der US-Jesuitenzeitschrift „America Magazine" erklärte der Erzbischof von Santa Fe, John Wester, er habe die Erklärung unterzeichnet, da er alle jungen LGBT-Personen wissen lassen wolle, dass sie „einen Wert haben, dass sie Geltung haben und Kinder Gottes" seien. Dass ausgerechnet „America" der Erklärung und ihren Unterzeichnern großzügig Platz einräumte, überraschte nicht. Denn die Jesuiten, von denen die Zeitschrift herausgegeben wird, gehören zu den prominentesten Vertretern des progressiven kirchlichen Flügels. In den Debatten um den Umgang der Kirche mit Homosexuellen und Transgender-Personen plädieren sie seit langem für mehr Aufgeschlossenheit.

Unterm Strich sind die Kritiker Bidens bisheriger gesellschaftspolitischer Weichenstellungen innerhalb der Bischofskonferenz deutlich lauter zu vernehmen als deren Befürworter. Insbesondere auf dem Gebiet des „Schutzes menschlichen Lebens", der häufig mit dem Einsatz gegen Abtreibung gleichgesetzt wird. Wer diesen aber breiter definiert, dem gibt Biden durchaus auch Anlass zur Zuversicht. Denn er dürfte sich im Laufe seiner Präsidentschaft weitaus stärker als sein republikanischer Vorgänger Trump für staatliche Fördermaßnahmen für Arme und sozial Benachteiligte einsetzen. Er verfolgt einen einwandererfreundlichen Kurs und plant Erleichterungen für junge Familien – sei es durch die Einführung einer dreimonatigen bezahlten Elternzeit oder durch den Ausbau staatlicher Versorgungsangebote. Auch geht er schon jetzt sehr viel entschlossener gegen die Corona-Pandemie vor, erkennbar am umfassenden Corona-Hilfspaket, dem „American Rescue Plan". Biden versprach auch, bis zum 1. Mai 2021 der gesamten US-Bevölkerung ein Impfangebot unterbreiten zu wollen. Allein schon durch die Tatsache, dass er das Virus von Anfang an als ernsthafte Bedrohung wahrnahm, hob er sich deutlich von seinem Vorgänger ab.

VII.
Prominente Katholiken in Bidens Umfeld

Das Fundament für Joe Bidens katholischen Glauben wurde bereits in seiner Kindheit gelegt. Doch auch im Laufe seines Lebens gab es mehrere katholische Freunde, Weggefährten und Amtsträger, die den amtierenden Präsidenten unterstützten, geistlich begleiteten oder ihm als Inspirationsquelle dienten. Im Folgenden werden die wichtigsten vorgestellt.

Joe Bidens Papst: Johannes XXIII.

Gegen Ende von Joe Bidens erster Amtszeit als Vizepräsident, so berichtete das Magazin „Politico" 2014, schickte ihm sein langjähriger Freund und politischer Weggefährte Ted Kaufman ein Zitat: „Ich darf mich nicht vor der Wahrheit verstecken. Ich nähere mich endgültig dem hohen Alter. Meinen Verstand stört dies und er begehrt beinahe dagegen auf, denn ich fühle mich noch so jung, voller Tatendrang, agil und aufmerksam. Aber ein Blick in den Spiegel beraubt mich meiner Illusionen. Dies ist die Zeit der Reife."

Das Zitat stammte von Angelo Roncalli. Damals, 1945, war er 63 Jahre alt. 1958 sollte er als Johannes XXIII. ins Papstamt gewählt werden. Es ist nicht genau belegt, mit welcher Absicht Kaufman seinem Freund Biden die Worte des späteren Papstes zuschickte. Denkbar ist, dass er Biden, der damals fast 70 Jahre alt war und bereits zwei gescheiterte Präsidentschaftskandidaturen hinter sich hatte, daran erinnern wollte, dass ihm wohl nicht mehr allzu viel Zeit bliebe, sollte er das höchste Staatsamt noch einmal anstreben.

Was Kaufman damals nicht wissen konnte: Die späten Lebenswege Joe Bidens und Johannes XXIII. sollten tatsächlich einige Parallelen aufweisen. Beide wurden sie im fortgeschrittenen Alter von 77 Jahren gewählt – in einer Phase ihres Lebens, in der sie den Zenit ihrer politischen respektive geistlichen Schaffenskraft bereits überschritten zu haben schienen. Beide hatten sich zuvor bereits allmählich auf einen ruhigen Lebensabend eingestellt. Roncalli hatte vor, sich aus dem Vatikan weitestgehend zurückzuziehen und in Venedig „inneren Frieden" zu finden – in jener Stadt, der er seit 1953 als Kardinal und Patriarch vorgestanden hatte. Von Joe Biden wiederum hatten viele erwartet, er werde seinen Hut unmittelbar nach dem Ende der Amtszeit Obamas noch ein drittes Mal in den Ring werfen. Nach dem Tod seines Sohnes entschied er sich dagegen und zog sich aus der aktiven Politik zurück.

Der Zeitung „Delaware News" sagte Biden im Jahr 2008: „Als Katholik bin ich ein Johannes XXIII.-Typ." In der Tat entstammt er einer Generation von Katholiken, die wohl wie kaum eine zweite geprägt wurde von dem von Johannes XXIII. einberufenen Zweiten Vatikanischen Konzil und der mit ihm verbundenen Neuausrichtung der Kirche an den Anforderungen der modernen Welt. Als das Konzil 1965 zu Ende ging, war Biden gerade einmal 23 Jahre alt. Die katholische Kirche, wie er sie den überwiegenden Teil seines Erwachsenenalters erlebte, war eine postkonziliare.

Ähnlich wie Biden, der sich über weite Strecken seiner politischen Karriere als überparteilicher Vermittler verstand, mied auch Johannes XXIII. kirchenpolitische Extrempositionen und verfolgte einen moderaten Kurs. Er stellte die Botschaft des Friedens und der internationalen Verständigung in den Mittelpunkt seines Pontifikats. Die Vermittlerrolle, die Johannes XXIII. Anfang der 60er Jahre zwischen den USA und der Sowjetunion einnahm, die Friedensenzyklika „Pacem in terris", mit der er zur nuklearen Abrüstung mahnte – all das waren Handlungen ganz nach dem Geschmack Bidens, der damals noch Student war. Er nahm zwar nie aktiv an den Demonstrationen der in den 60er Jahren aufkommenden Friedens- und Bürgerrechtsbewegung teil, unterstützte seinen Schilderungen zufolge aber deren Ideale.

Für den Politologen Stephen Schneck, langjähriger Professor an der Catholic University of America in Washington, verkörpert Biden die Hoffnung, „dass ein katholisches Licht die moderne Welt erleuchten wird, für die das Pontifikat Johannes XXIII. stand". Beide hätten sich berufen gefühlt, aus einem „engstirnigen Stammesdenken und Nationalismus" auszubrechen und Anliegen der sozialen Gerechtigkeit zu fördern. Und beide, so der den Demokraten nahestehende Schneck, seien nie radikale Progressive gewesen, die die Tradition zugunsten eines revolutionären Wandels vernachlässigt hätten. „Sie sind Moderate, die dennoch wissen, dass Gerechtigkeit mutige Veränderungen erfordert."

Zudem findet sich auch in der väterlichen, ja beinahe großväterlichen Aura, die Biden vor allem in den letzten Jahren nachgesagt wird, eine Gemeinsamkeit mit Johannes XXIII. Bekannt für seine umgängliche Art und seine Nähe zum Volk wurde er auch „il papa buono" (der gute Papst) genannt.

Dass Johannes XXIII. vor seiner Wahl nicht als übermäßig reformwillig wahrgenommen wurde, scheint sogar einer der Gründe gewesen zu sein, weshalb sich die Kardinäle im Konklave für ihn entschieden. So lautet jedenfalls die heute vorherrschende Meinung in der kirchengeschichtlichen Forschung. Für umso mehr Überraschung sorgte dann seine Ankündigung, ein Konzil einberufen zu wollen, um über die zukünftige Ausrichtung der katholischen Kirche zu diskutieren. Und auch Joe Biden war ein Kandidat, von dem sich viele erhofften, er würde dank seines Alters und seiner Erfahrung Ruhe in die aufgewühlten Gewässer der amerikanischen Politik bringen. Bleibt die Frage, ob Biden, ähnlich wie Johannes XXIII., die Macht seines Amtes nutzen wird, um die Weichen für den zukünftigen Kurs des Landes zu stellen.

Auf das anfangs erwähnte Zitat des späteren Papstes Johannes XXIII., auf das ihn sein Freund Ted Kaufman aufmerksam gemacht hatte, antwortete Biden damals ebenfalls mit einem Zitat. Er bediente sich der Worte des walisischen Dichters Dylan Thomas (der nur 39 Jahre alt wurde): „Geh nicht sanft in diese gute Nacht. Das Alter sollte am Ende des Tages brennen und schwärmen; Wut, Wut gegen das Sterben des Lichts."

Bidens geistlicher Beistand: Leo O'Donovan

Unmittelbar vor den Weihnachtsfeiertagen 2020 wandte sich Joe Biden in einer Ansprache an die Nation, in der er die Amerikaner auf den schweren Kampf gegen die Coronavirus-Pandemie im kommenden Jahr einschwor. Gegen Ende der Rede zitierte er einen Satz aus den Aufzeichnungen des deutschen Jesuitenpaters Alfred Delp. Dieser schrieb, 1944 im Gefängnis in Berlin-Tegel als Gegner des Dritten Reiches inhaftiert, mit gefesselten Händen: „Advent ist eine Zeit der Erschütterung." Delp habe geglaubt, so Biden, „dass wir zunächst in unserem tiefsten Inneren erschüttert werden, ehe wir bereit sind für eine Zeit der Hoffnung". Biden forderte die Amerikaner auf, diesem Beispiel zu folgen, Zuversicht zu bewahren und die Pandemie gemeinsam zu überwinden.

Alfred Delp, Widerstandskämpfer gegen den Nationalsozialismus, wurde am 2. Februar 1945 in Berlin-Plötzensee hingerichtet. In Deutschland ist sein Name noch heute vielen ein Begriff. Zahlreiche Straßen und Schulen sind nach ihm benannt, die deutsche Bischofskonferenz nahm ihn als Glaubenszeugen in das „Deutsche Martyrologium des 20. Jahrhunderts" auf. In den USA hingegen ist Delp über jesuitische Kreise hinaus kaum bekannt.

Dass Joe Biden Alfred Delp kennt und sogar mit dessen theologischen Schriften vertraut ist, verdankt er Leo O'Donovan.

Der Jesuitenpater und emeritierte Präsident der katholischen Georgetown University in der US-Hauptstadt Washington gilt als langjähriger Vertrauter und geistlicher Begleiter Bidens. Während seiner Studienzeit in Deutschland war O'Donovan mit der Person und dem reichen geistlichen Nachlass Delps in Berührung gekommen.

Biden nennt Pater O'Donovan, der die Georgetown University von 1989 bis 2001 leitete, einen Freund und betonte immer wieder, wie sehr er ihn bewundert und respektiert. Es verwundert daher nicht, dass er O'Donovan bat, bei der Zeremonie zur Amtseinführung eines der Gebete, die sogenannte „Invocation", zu sprechen. So trat der Jesuitenpater, heute 87 Jahre alt, an jenem 20. Januar ans Mikrofon, bevor Biden den Amtseid leistete. O'Donovan sprach von der Verpflichtung, sich für ein besseres, gerechteres zukünftiges Amerika einzusetzen. Von einem Patriotismus, der nicht auf Macht und Privilegien basiere, sondern auf der Sorge für das Gemeinwohl. Und vom „heiligen Geheimnis der Liebe", das zum gemeinsamen Träumen anrege. Er schloss sein Gebet mit dem Wunsch, „dass sich das Volk unseres Landes unter unserem neuen Präsidenten versöhnt, dass unser Traum gestärkt wird und dass es ausgestattet wird mit Frieden, Gerechtigkeit und der Freude, die die überquellende Liebe ist".

Zu Europa, insbesondere zu Deutschland, pflegt der gebürtige New Yorker O'Donovan eine ganz besondere Verbindung. Während eines Studienaufenthalts 1957 im französischen Lyon entschied er sich, in den Jesuitenorden einzutreten. An der Universität Münster absolvierte er von 1966 bis 1971 sein Doktorstudium. Er promovierte bei keinem Geringeren als dem renommierten Theologen Karl Rahner, der damals den Lehrstuhl für Dogmatik und Dogmengeschichte an der Universität Münster innehatte. Rahner war auch einer der Theologen, die maßgeblich an der Gestaltung und Umsetzung des Zweiten Vatikanischen Konzils beteiligt waren. Der Titel von O'Donovans Dissertation: „Evolution as a Systematic Concept in Recent Catholic Thought" (Die Evolution als systematisches Konzept im jüngeren katholischen Denken). Von Karl Rahner sei er von Anfang an tief beeindruckt gewesen, schilderte O'Donovan später. Er sei der Grund gewesen, weshalb er sich überhaupt für die Universität Münster entschieden habe.

2016 kehrte O'Donovan auf Einladung der Arbeitsstelle für deutsch-amerikanische Bildungsgeschichte an die Universität Münster zurück. In einem Interview mit dem Pressesprecher der Universität bezeichnete er seine Zeit in Deutschland als „sehr wichtige Phase". O'Donovan wörtlich: „Es war die Zeit, in der ich gereift bin. Aber es war auch eine theologisch herausragende Zeit. In diesen Jahren habe ich damit begonnen, mich zu einem Theologen und Priester zu entwickeln, in dieser Zeit bin ich – so komisch es klingen mag – erwachsen geworden."

In Münster habe er das Priestertum erst richtig gelernt, gestand O'Donovan weiter. Drei Jahre lang wohnte er im Pfarrhaus der Münsteraner Pfarrei St. Antonius, da ihn der damalige Pfarrer eingeladen hatte, dort als Subsidiar zu helfen. Während seiner Zeit in Deutschland soll O'Donovan zudem ein „Sprachtalent" gewesen sein. Als solches bezeichnete ihn zumindest Pfarrer Klaus Wirth, der Kaplan in St. Antonius war, als O'Donovan dort wohnte. Dieser habe damals akzentfrei deutsch gesprochen. Im Jahr 2017 reiste O'Donovan abermals nach Deutschland: Zusammen mit dem ehemaligen US-Präsidenten Bill Clinton war er einer der wenigen amerikanischen Trauergäste beim Begräbnis des langjährigen deutschen Bundeskanzlers Helmut Kohl. Kennengelernt hatte O'Donovan den Kanzler der deutschen Einheit 1988, als Kohl sich im Rahmen einer Amerikareise in Washington aufhielt. In den folgenden Jahren trafen die beiden sich mehrmals. Bei einem Besuch O'Donovans in Berlin zeigte ihm Kohl auch die NS-Hinrichtungsstätte Plötzensee, wo Alfred Delp 1945 erhängt worden war.

Die Freundschaft zwischen Joe Biden und Leo O'Donovan reicht mehrere Jahrzehnte zurück. Besonders wichtig wurde sie für Biden im Jahr 2015. Damals leitete der Jesuitenpater die Trauermesse für Bidens Sohn Beau. Wie groß O'Donovans Anteilnahme war, zeigte sich gleich zu Beginn seiner Predigt: „Joe, es tut mir so leid", setzte er zu sprechen an. Dann brach er in Tränen aus. Biden, so schilderte O'Donovan die Szene später, habe ihn sofort getröstet. „Er wurde in diesem Moment zum Seelsorger."

Der Washingtoner Politologe und katholische Aktivist Stephen Schneck ist der Ansicht, dass O'Donovan Biden in der Auffassung bestärkt habe, dass seine Berufung in ein politisches Amt auch untrennbar mit seinem Glauben verbunden sei. „Leo O'Donovan eröffnete ihm ein Verständnis seines Glaubens, das das Evangelium mit Bidens optimistischer, idealistischer, sich an Kennedy orientierender politischen Mission verknüpft", fasst Schneck die Rolle O'Donovans zusammen. Joe Biden hat umgekehrt auch O'Donovan schon einen Dienst erwiesen: Für dessen 2018 erschienenes Buch über junge Migranten, „Blessed Are the Refugees: Beatitudes of Immigrant Children", verfasste Biden das Vorwort – und brachte darin zum Ausdruck, wie viel er ihm bedeutet: „Ich genieße das Privileg, Pater O'Donovan schon seit vielen Jahren zu kennen", schrieb Biden. In dieser Zeit habe der Jesuit seiner Familie und ihm mit Weisheit und Trost zur Seite gestanden. „Für seine Anwesenheit beim Trauergottesdienst für meinen Sohn Beau und für seine mitfühlenden Worte werde ich ihm für immer dankbar sein."

Lobbyarbeit für Biden: Simone Campbell

Der 23. März 2010 war für Joe Biden und Barack Obama ein historischer Tag: Der Präsident unterzeichnete den „Affordable Care Act", im Volksmund bekannt als „Obamacare". Er trug sich an diesem Tag auch in die Geschichtsbücher ein, denn mit „Obamacare" war es ihm als erstem US-Präsidenten gelungen, eine universale Krankenversicherung für alle Amerikaner einzuführen.

Hunderte von Unterstützern, die über Monate hinweg für das Gesetzespaket mobil gemacht hatten, nahmen an den Feierlichkeiten im Weißen Haus teil. Unter ihnen war auch die Ordensschwester Simone Campbell. Als Joe Biden sie sah, rief er dem Präsidenten zu: „Barack, hier ist meine Nonne". Sogleich nahm er jedoch eine ernste Haltung ein. Wie Campbell die Begegnung später schilderte, habe er sich ihr zugewandt und darüber gesprochen, „wie wichtig ihm der Glaube sei und wie schmerzhaft es für ihn war, von einigen innerhalb der Kirche ausgeschlossen zu werden".

Worauf sich Biden bezog, war der heftige Gegenwind, den die von ihm mitentworfene universale Krankenversicherung von den amerikanischen Bischöfen erfuhr. Und Simone Campbell war eine derjenigen Katholiken, die diesem Gegenwind die Stirn bot. Als Leiterin des katholischen Sozialdienstes „Network" hatte sie sich schon länger für eine tiefgreifende Reform des amerikanischen Gesundheitssystems eingesetzt. „Network" wurde im Jahr 1971 in Washington von mehreren katholischen Ordensschwestern gegründet, die im Zuge des Zweiten Vatikanischen Konzils Belange wie ein gerechteres Wirtschaftssystem, Einwanderung, Umweltschutz oder Gesundheitsvorsorge stärker ins Zentrum des kirchlichen Engagements rücken wollten. Von Anfang stand die Lobbyorganisation in enger Verbindung zur Demokratischen Partei und ihren führenden Vertretern. Der eigenen Schilderung zufolge arbeite man darauf hin, „eine Gesellschaft zu errichten, die Gerechtigkeit und die Würde aller fördert, im geteilten Reichtum von Gottes Schöpfung".

Mit der Wahl Obamas 2008 machte Simone Campbell schließlich Lobbyarbeit für dessen angestrebte Krankenversicherung für alle Bürger. In dem Aufruf, der unter dem Titel „Nonnenbrief" kursierte, wollte sie unter Katholiken Unterstützer für die Reform gewinnen. Etwa 60 Ordensvorsteher und Leiter katholischer Dachorganisationen schlossen sich dem Brief an – und bescherten Obamas Gesetzesinitiative so spürbaren Rückenwind. Dabei ging es Campbell nicht nur um den Aspekt der sozialen Gerechtigkeit. „Obamacare", erzählte sie rückblickend, habe auch einen besseren Weg aufgezeigt, wie man die Zahl der Abtreibungen reduzieren könne, ohne diese zu kriminalisieren. „Meiner Ansicht nach ist es keine gute politische Strategie, Abtreibung zu verbieten." Stattdessen müsse man sich darauf konzentrieren, wirtschaftliche Möglichkeiten für Frauen zu entwickeln. Dass sie mit dieser Position bei konservativen Katholiken äußerst umstritten war, versteht sich von selbst.

Das leidenschaftliche Engagement für soziale Gerechtigkeit entdeckte die 1945 geborene Campbell schon früh. Im Alter von 19 Jahren trat sie in den Frauenorden der „Sisters of Social Service" ein, eine Gemeinschaft, die verwurzelt ist in der benediktinischen Spiritualität und die Sorge für Bedürftige ihr zentrales Anliegen nennt. Seit 2004 leitete sie die katholische Organisation „Network", die sich ebenfalls der sozialen Gerechtigkeit verschrieben hat. Im März 2021 zog sich Campbell von dem Posten zurück.

Im Vatikan wurde „Network" und Campbells Arbeit allerdings auch skeptisch beäugt: 2012 leitete der damalige Papst Benedikt XVI. eine Untersuchung wegen „radikaler feministischer Themen" gegen einen US-Dachverband katholischer Nonnen ein, zu dem auch der katholische Sozialdienst „Network" gehörte. Campbells Kritiker sahen darin einen überfälligen Schritt gegen eine Ordensschwester, die sich schon länger am Rande der katholischen Lehre bewege. Ihre Unterstützer verstanden es hingegen als Retourkutsche für ihr Engagement zugunsten von „Obamacare", mit dem sie sich über die Köpfe der US-Bischöfe hinweggesetzt hatte. Papst Franziskus beendete die Untersuchung 2015 – ohne Campbell zu sanktionieren.

In den vergangenen Jahren hielt Schwester Simone Campbell die enge Verbindung zu Biden und der Demokratischen Partei aufrecht. Sie gründete die Lobbygruppe „Nuns on the bus", tourte mit einem Bus durch das Land und wollte so Aufmerksamkeit für Themen der sozialen Gerechtigkeit generieren. Mehrmals trat Biden in diesem Zusammenhang an ihrer Seite auf. Für ihr Engagement erhielt sie 2014 den in Amerika vergebenen katholischen Friedenspreis „Pacem in terris Peace and Freedom Award", benannt nach jenem Lehrschreiben von Papst Johannes XXIII., das schon John F. Kennedy gelobt hatte. Campbell gehörte zudem zu einer Gruppe prominenter Katholiken, die Biden 2015 zu sich nach Hause einlud, um sie vorab zu informieren, dass eine Präsidentschaftskandidatur für ihn 2016 wohl nicht infrage komme.

Campbell trat auch schon beim Nominierungsparteitag der Demokraten auf – jener Veranstaltung, auf der alle vier Jahre im Sommer der Kandidat für das Präsidentenamt offiziell gekürt wird. 2012 hielt sie eine Rede, in der sie die Republikaner heftig kritisierte, die Politik Obamas verteidigte und die Belange der Armen und der Mittelschicht in den Mittelpunkt rückte. Beim Parteitag 2020 sprach sie das Eröffnungsgebet.

Im Verlauf des Wahlkampfs 2020 zögerte sie auch nicht, entschieden Kritik an Donald Trump zu üben und zur Wahl Joe Bidens aufzurufen: Katholiken können nicht ihrem Glauben treu sein und für Trump stimmen, erklärte sie im August, drei Monate vor der Wahl. „Präsident Trump unternimmt alles in seiner Macht Stehende, um uns zu spalten, während die Wirtschaft und das Gesundheitssystem unter dem Gewicht der Covid-19-Pandemie kollabieren."

Auch nach Bidens Amtseinführung stellte Campbell bereits unter Beweis, dass sie voll und ganz hinter dem neuen Präsidenten steht. So verteidigte sie das von Biden geplante, heftig umstrittene Gleichstellungsgesetz Homo-, Bi- und Transsexueller, den „Equality Act". Während viele Konservative warnen, das Sozialgefüge der amerikanischen Gesellschaft würde damit ausgehebelt, sah Campbell das Gesetz im Einklang mit der Lehre der katholischen Kirche. „Als katholische Ordensschwester weiß ich, dass mein Glaube es gebietet, alle Menschen gleich und mit Würde zu behandeln."

Verbündeter in Washington: Kardinal Wilton Gregory

Am Vorabend seiner Amtseinführung nahm Joe Biden in Washington an einer Feier zum Gedenken an all jene Amerikaner teil, die im Zuge der Coronavirus-Pandemie verstorben waren. Mehr als 400.000 waren es bereits damals, am 19. Januar 2021. Landesweit konnte man im Fernsehen mitverfolgen, wie Biden vor dem Lincoln Memorial stand, dem markanten Wahrzeichen an der National Mall, einer großen Grünfläche zwischen dem Kapitol und dem Denkmal zu Ehren Abraham Lincolns, und sich an die Nation wandte. „Um zu heilen, müssen wir uns erinnern", erklärte er. „Manchmal ist es schwer, sich zu erinnern, aber nur so heilen wir. Es ist wichtig, dies als Nation zu tun."
Im Nordosten, in einer Entfernung von acht Kilometern Luftlinie, schlug in der Basilika des Nationalheiligtums der Unbefleckten Empfängnis die größte Glocke 400 Mal. Ein Schlag für 1.000 Verstorbene. Der Washingtoner Erzbischof, Kardinal Wilton Gregory, hielt bei der Gedenkfeier eine Predigt, in der er zum Gebet für die Verstorbenen und deren Familien aufrief. „Unsere Sorge verbindet uns miteinander als ein Volk der mitfühlenden Herzen. Mögen unsere Gebete unser Bewusstsein für unsere gemeinsame Menschlichkeit und unsere Einheit als Nation stärken."
Die Veranstaltung zum Gedenken an die Corona-Toten war das erste und bislang einzige Mal, dass Biden und Gregory gemeinsam in der Öffentlichkeit auftraten. Doch schon damals war auffällig, wie groß die Parallelen in der Botschaft des politischen und des geistlichen Amtsträgers waren. Keine Selbstverständlichkeit, wenn man sich das reservierte Verhalten ins Gedächtnis

ruft, mit dem manch anderer US-Bischof Biden bis zu diesem Zeitpunkt begegnet war. Beobachter waren sich einig: Es könnte der Auftakt zu einer ertragreichen Zusammenarbeit zwischen dem neuen Präsidenten und dem Washingtoner Erzbischof sein. Ähnlich wie Bidens Wahlerfolg war Gregorys Ernennung zum Kardinal damals noch nicht lange her. Erst Ende November hatte ihm Papst Franziskus das Kardinalspurpur verliehen. Und ähnlich wie Bidens Wahlsieg war auch Gregorys Aufstieg in den Kardinalsrang richtungsweisend, gilt der 73-Jährige doch als Vertreter des progressiven Flügels der US-Bischöfe und – wenig überraschend – als entschiedener Unterstützer des Papstes. Dessen Entscheidung für Gregory war zudem historisch, da dieser der erste Afroamerikaner sein sollte, der in das Kardinalskollegium aufrückte.

Die Felder, die Biden und Gregory in Zukunft gemeinsam beackern könnten, sind vielfältig. Sie reichen vom Einsatz für ein faireres Einwanderungssystem über den Kampf für mehr soziale Gerechtigkeit bis hin zum Schutz des Klimas. Natürlich kann Erzbischof Gregory nicht aktiv auf legislative Prozesse Einfluss nehmen. Aber indem er sich im Hinblick auf diese Themen öffentlich hinter Bidens Kurs stellt, könnte er dem Präsidenten den Rücken stärken und dessen Positionen bei amerikanischen Katholiken mehr Legitimität verleihen. Zudem verstehen sich sowohl Biden als auch Erzbischof Gregory als „Brückenbauer", die in einem von (kirchen-)politischem Dissens geprägten Klima eher nach Schnittmengen suchen, anstatt das Trennende zu betonen. Beide entstammen in etwa derselben Generation – Biden ist nur fünf Jahre älter als Gregory – und sind somit noch vertraut mit einer Zeit, in der überparteiliche Zusammenarbeit eher geschätzt denn geächtet wurde. Und auch zwischen dem Vatikan und dem Weißen Haus könnte Gregory als wichtiger Mittelsmann fungieren. Dies geschah bereits im Dezember 2020, als Gregory von einer Vatikanreise nach Washington zurückkehrte. Im Gepäck hatte er das jüngste Buch des Papstes,

„Wage zu träumen!" (im Original: „Let us dream"), eigens von Franziskus für Biden signiert.

Was Biden im Umgang mit Kardinal Gregory ebenfalls zugute kommt: Dieser orientiert sich bei dem so konfliktträchtigen Thema des Schutzes menschlichen Lebens an Papst Franziskus, der darunter nicht nur den Einsatz gegen Abtreibung versteht. Zwar wies auch Gregory selbst schon darauf hin, dass er Biden widerspreche, was dessen Haltung zur Straffreiheit von Abtreibungen angehe. Das halte ihn aber nicht davon ab, mit Biden den Dialog zu pflegen. „Ich hoffe, es ist ein richtiger Dialog, denn ich denke, das ist das Motto von Papst Franziskus – dass wir als Kirche im Dialog sein sollten, selbst mit denjenigen, mit denen wir einige ernsthafte Differenzen haben."

Kritiker im konservativen katholischen Spektrum werfen ihm jedoch genau das vor: Gregory würde das „moralische Übel" Abtreibung im Umgang mit Biden nicht deutlich genug verurteilen und stelle vielmehr nachrangige Themen wie Armut, das Klima oder soziale Gerechtigkeit in den Vordergrund. Zudem sehen ihn viele Konservative als zu aufgeschlossen gegenüber dem Thema Homosexualität. Und auch Gregorys Umgang mit den Missbrauchsfällen im amerikanischen Klerus stand bereits in der Kritik. So warfen ihm Vertreter von Missbrauchsopfern vor, in der Vergangenheit nicht immer konsequent zu deren Aufarbeitung beigetragen zu haben.

Papst Franziskus schien ihm jedenfalls zuzutrauen, das Ruder in Washington in stürmischen Zeiten übernehmen zu können: Im April 2019 ernannte er ihn zum Oberhirten in der Hauptstadt-Diözese. Gregory, der Anfang der 2000er Jahre sogar den Vorsitz der US-Bischofskonferenz innehatte, trat damit die Nachfolge von Kardinal Donald Wuerl an, dessen Rücktritt im Zuge der Missbrauchskrise in der amerikanischen katholischen Kirche der Papst im Oktober 2018 angenommen hatte.

Dass er nicht davor zurückschreckt, sich auch politisch zu exponieren, stellte Erzbischof Gregory im Juni 2020 unter Beweis.

Der damalige US-Präsident Donald Trump sorgte zu dieser Zeit für Furore, als er an einer Gedenkstätte für Papst Johannes Paul II. in Washington einen Kranz niederlegte – und seinen Auftritt für den Wahlkampf medienwirksam inszenierte. Am Vortag hatte Trump bereits mit einer Bibel in der erhobenen Hand vor der Kirche St. John's unweit des Weißen Hauses posiert. Den Weg dorthin durch eine Menge friedlicher Demonstranten hatte er sich mit Tränengas und Gummigeschossen freiräumen lassen.

Gregory tat seinem Unmut deutlich kund: Johannes Paul II. hätte es mit Sicherheit nicht gebilligt, mit Tränengas und anderen Mitteln gegen Demonstranten vorzugehen, „für ein Foto vor einem Ort des Gebets und des Friedens", erklärte er damals. Und auch für den Auftritt am sogenannten Papstschrein kritisierte er Trump: Dieser habe eine katholische Stätte in einer Weise missbraucht und manipuliert, „die gegen unsere religiösen Prinzipien verstößt".

Gut möglich also, dass sich Kardinal Wilton Gregory für Joe Biden in einem aufgeheizten politischen Klima in Washington noch als äußerst wichtiger Verbündeter erweisen wird. In einer konkreten Streitfrage hat er das sogar schon getan: Als rund um die Wahl im November 2020 unter manchen US-Bischöfen abermals diskutiert wurde, ob man Biden trotz seiner Haltung zu Abtreibungen die Kommunion spenden könne, positionierte sich Gregory eindeutig: Er werde, so Gregory, den neuen Präsidenten in seiner Erzdiözese nicht vom Kommunionempfang ausschließen: „Ich will nicht an den Tisch kommen und ihm als erstes die Pistole auf die Brust setzen."

VIII.
Kraftquelle und Leitfaden –
Wie Biden seinen Glauben als Politiker zeigt

Im Jahr 1992 erhielt Joe Biden von Pater Leo O'Donovan die Einladung, eine Rede an der Washingtoner Georgetown University zu halten. O'Donovan war damals Präsident der von den Jesuiten geführten Universität, an der auch Bidens jüngerer Sohn Hunter kurz zuvor sein Studium abgeschlossen hatte. Die Frage, über die Biden sprechen sollte: Wie hat der katholische Glaube sein politisches Denken geprägt?

Biden gestand später, dass die Rede eine große Herausforderung gewesen sei. Sie habe aber auch einen wichtigen Erkenntnisgewinn für ihn bedeutet. Denn, so erzählt er in seiner Autobiografie, der Einfluss seines persönlichen Glaubens auf die Politik sei bisher eine Frage gewesen, „vor der ich mich immer gescheut hatte". Er habe sich stets ein wenig unwohl dabei gefühlt, die Religion im politischen Tagesgeschäft zum Thema zu machen. Diese Position würde Biden heute sicherlich nicht mehr in dieser Form unterschreiben. Man denke nur daran, wie offen er seinen Glauben in den Präsidentschaftswahlkampf 2020 eingebracht hat.

Bis zu dieser Rede hatte Biden allerdings noch nie ausführlich in der Öffentlichkeit über seinen Glauben gesprochen. Er habe seinen Schilderungen zufolge noch nicht einmal die Zeit gehabt, gründlich darüber nachzudenken, ob gewisse grundlegende ethische Prinzipien seine Entscheidungen geprägt hätten. Die Arbeit an dem Vortrag für die Georgetown University sollte sich dann als „eine der aufschlussreichsten Tätigkeiten meines politischen Lebens" herausstellen, wie er in seinen Memoiren schreibt. Denn nun war er quasi gezwungen, sich mit dem Thema Glaube und Politik auseinanderzusetzen.

Die Erkenntnis, zu der Biden dabei kam, war folgende: „Die zentrale Lektion, die ich von der katholischen Kirche erhalten hatte, meine katholische Schulbildung und meine Eltern sind stets die treibenden Kräfte meiner politischen Karriere gewesen." Dabei habe er gelernt, dass die schwerwiegendste Sünde, der sich Menschen schuldig machen können, der Missbrauch von Macht sei. „Das war die Botschaft, die immer wieder in den Sonntagspredigten, in der Schule und zuhause bekräftigt wurde."

Mit Macht und den mit ihr verbundenen Privilegien gehe auch die Verantwortung einher, andere mit Respekt und Fairness zu behandeln, so Biden. „Wenn wir sehen, dass jemand Macht missbraucht, so ist es unsere Pflicht, für die Opfer einzutreten." Diese Auffassung habe ihn dazu angetrieben, sich für Bürger- und Wahlrechte für alle Amerikaner einzusetzen, für ein gerechteres Strafrecht, gegen Gewalt an Kindern oder in den 1980er Jahren für den Kampf gegen Drogenkartelle.

An zwei Beispielen aus seiner politischen Tätigkeit manifestiert sich für ihn am deutlichsten dieses Prinzip, gegen den Missbrauch von Macht zu kämpfen. Das erste: sein Einsatz für Frauen, die Opfer von Sexualverbrechen und häuslicher Gewalt wurden. Als Mitglied im Justizausschuss des Senats war Biden seit Anfang der 90er Jahre mit Statistiken und Fallzahlen konfrontiert worden, die aufzeigten, dass diese Verbrechen kontinuierlich angestiegen waren. Angesichts dieser Daten fasste er den Entschluss, einen Gesetzesvorschlag zu erarbeiten, der das Bewusstsein für das Problem sexueller Gewalt gegen Frauen schärfen sollte. Vor allem indem überhaupt klar definiert werden sollte, was unter sexuellem Missbrauch zu verstehen sei.

Das Gesetz zielte unter anderem darauf ab, Sexualstraftaten als Verbrechen zu werten, für die Täter auch auf Bundesebene angeklagt werden konnten, nicht mehr nur in den einzelnen Bundesstaaten. Damit wollte er verhindern, dass sich Täter, die über die Grenzen von Bundesstaaten geflüchtet waren, so der

Strafverfolgung entziehen konnten. Gleichzeitig sollte das Straf-maß erhöht werden. Schließlich sollte auch die Zahl der Polizei-kräfte auf den Straßen Amerikas deutlich aufgestockt werden. Der „Violence Against Women Act" wurde im Jahr 1994 mit überparteilicher Unterstützung als Teil einer umfassenden Straf-rechtsreform unter Präsident Bill Clinton verabschiedet. Be-obachter waren sich einig: Joe Biden hatte damit einen großen Erfolg errungen, drückte er dieser Justizreform doch seinen ethi-schen Stempel auf.

Das zweite Beispiel, diesmal auf einem ganz anderen politischen Feld, nämlich dem der Außenpolitik: sein Agieren während des Krieges im auseinanderfallenden ehemaligen Jugoslawien Mitte der 1990er Jahre. Damals stand Biden im Senat dem Unteraus-schuss für europäische Angelegenheiten vor. Er ergriff deutlich Partei für die Seite der Bosnier, die aus seiner Sicht die Opfer dieses Krieges waren. Schon sehr früh warnte er vor serbischer Aggression in Bosnien. Den serbischen Präsidenten Slobodan Milosevic bezeichnete er bei einem persönlichen Zusammen-treffen 1991 in Belgrad gar als einen Kriegsverbrecher. In Wa-shington stieß Biden mit seinen Mahnungen jedoch lange auf taube Ohren. Den Völkermord an den bosnischen Muslimen in Srebrenica konnte er so nicht verhindern. Und dennoch: Hier zeigte Biden erneut, dass er für die Opfer einer aggressiven Macht klar Partei ergriff.

Auch in der eigenen Familie ist ihm dies bei der Erziehung wichtig. Kindern wie Enkeln versucht er zu vermitteln, dass der Missbrauch von Macht ein nicht zu tolerierendes moralisches Versagen darstellt. Den jungen Mitgliedern der Familie Biden verdeutlichte er das anhand des Holocausts. Er nahm sie mit zu den historischen Stätten des Grauens, den ehemaligen Kon-zentrationslagern des NS-Regimes. Auch schon Bidens Vater hatte gegenüber seinen Kindern über den Holocaust gespro-chen und sie über die Verbrechen der Nationalsozialisten auf-geklärt. „Menschen waren zu unglaublicher Grausamkeit fähig, und unser Vater wollte, dass ich, meine Schwester und meine Brüder das verstanden", so Biden. Seine Lehre daraus bis in die Gegenwart: Es ist gefährlich, wenn etwas derart Entsetzliches geschieht und Menschen einfach wegsehen und schweigen. Schon Biden Senior war überzeugt, „dass ein Vorhaben dieser Dimension wohl kaum unbemerkt hatte durchgeführt werden können".

Von einem solchen Besuch erzählt Biden in seinem Buch „Versprich es mir". Er schildert, wie er im Jahr 2015, als er für einen Auftritt bei der Münchner Sicherheitskonferenz nach Deutschland reiste, mit seiner Enkelin Finnegan, damals 14 Jahre alt, die Gedenkstätte in Dachau besuchte. Bidens pädagogisches Lernziel: Er habe gewollt, dass seine Enkelin einen „instinktiven Schock" verspüre, entsprechend der Eindrücke, die ihm die Erzählungen seines Vaters vermittelt hatten und die ihn während seiner Zeit als Politiker immer wieder angetrieben hätten. „Siehst du, Kleines", habe er zu Finnegan gesagt, „das kann wieder passieren. Und in anderen Teilen der Welt passiert es gerade jetzt. Deshalb muss man es laut aussprechen. Man darf nicht schweigen. Wer schweigt, macht sich zum Mittäter".

Zurück zu Bidens Rede an der Georgetown University: Diese Ansprache war inhaltlich letztlich kaum theologischer Natur. Vielmehr sprach er über jene Werte, die ihm seit seiner Kindheit vermittelt worden waren und die sich an den oben genannten Beispielen aus der praktischen Politik widerspiegeln. Insgesamt zeigt sich dadurch, dass er es durchaus als Herausforderung wahrnahm, die Lehre der Kirche in diesem Sinne in das politische Alltagsgeschäft einzubringen, auch wenn er öffentlich nicht viele Worte darüber machte.

Auch Weggefährten und Beobachter seiner langen politischen Karriere sind sich darin einig: Joe Biden gehört eben nicht zu jener Sorte gläubiger Politiker, die jede einzelne ihrer politischen Handlungen gleich in Bezug zu ihrer Religiosität setzen. Sucht man nach einer konkreten politischen Entscheidung, die Biden

KRAFTQUELLE UND LEITFADEN

selbst mit einem direkten Verweis auf seinen Katholizismus begründen würde, dann sucht man wohl vergebens. So betont der Politikwissenschaftler Stephen Schneck, dass all die politischen Projekte und Gesetze, an denen Biden während seiner Laufbahn gearbeitet und die er auf den Weg gebracht habe, in gewisser Weise die Handschrift des gläubigen Katholiken trügen. Schneck zählt eine ganze Reihe von Themenfeldern auf, wie etwa Bidens Arbeit für Menschen mit Behinderung, seinen Einsatz gegen Kinderarmut oder für die Gleichberechtigung aller Amerikaner, unabhängig von ihrer ethnischen Herkunft. Aktuell zeigt sich dies nicht zuletzt an den Maßnahmen, die er zur Eindämmung des Coronavirus getroffen hat.

Und dann wäre schließlich auch noch Bidens Umgang mit den Fremden zu nennen: Um zu verstehen, wie er aus dem Glauben heraus für einen humanen Umgang mit Benachteiligten und Schwachen plädiert, lohnt es sich, noch einmal den Blick auf seine geplanten und bereits umgesetzten Maßnahmen in Sachen Einwanderungspolitik zu richten. Immigration ist eines der politischen Themen, das die amerikanische Gesellschaft polarisiert wie kaum ein anderes. Das zeigt sich vor allem im dauerhaften Streit zwischen Demokraten und Republikanern auf diesem Feld: Demokratische Präsidenten vertreten tendenziell eher eine liberale Einwanderungspolitik, während republikanische Amtsinhaber den Fokus auf Eindämmung der Einwanderung legen. Barack Obama hatte es sich noch zum Ziel gesetzt, Millionen von Einwanderern ohne Papiere sowie unbegleiteten minderjährigen Flüchtlingen einen Weg zur Staatsbürgerschaft zu ebnen. Donald Trump hingegen verfolgte einen radikal anderen Kurs. Die Zahl der Flüchtlinge, die die USA aufnahmen, sank unter dem Republikaner auf einen historischen Tiefstand. Trump strebte eine nahezu völlige Abschottung gegenüber dem Nachbarland Mexiko an. Sein viel zitiertes Versprechen, eine Mauer an der mexikanisch-amerikanischen Grenze zu errichten, wurde aber trotzdem nie realisiert.

Für Empörung im Land, aber auch weltweit, sorgte Trump, als er Anfang 2017 Menschen aus mehrheitlich muslimischen Ländern per Dekret die Einreise in die USA verbot, mit der Begründung, das Land so besser vor islamistischen Terroristen zu schützen. Und auch mit dem Entschluss, Einwandererfamilien an der Grenze zu trennen, also minderjährige Kinder separat von ihren Eltern unterzubringen, rief Trump einen internationalen Aufschrei hervor. Noch heute gehen Experten davon aus, dass Hunderte dieser Kinder getrennt von ihren Eltern leben, da diese bislang nicht ausfindig gemacht werden konnten.

Dass sich Joe Biden in der Einwanderungspolitik von Anfang an deutlich von Trump abheben würde, war allgemein erwartet worden. So erließ er gleich in den ersten Tagen seiner Amtszeit zahlreiche Präsidialverfügungen, um wesentliche Maßnahmen der Vorgängerregierung rückgängig zu machen. Er entschied beispielsweise, das sogenannte „DACA-Programm" wieder aufzunehmen: Dieses hatte es seit 2012 Hunderttausenden junger Einwanderer ermöglicht, legal in den USA zu arbeiten und Bildungsmöglichkeiten in Anspruch zu nehmen, ohne eine Abschiebung fürchten zu müssen.

Mit diesem Schritt stieß Biden auch auf die Zustimmung der US-Bischofskonferenz: Die unter dem „DACA-Programm" in den USA lebenden Jugendlichen hätten das Land seit Jahren bereichert, hieß es in einer Stellungnahme der Bischöfe. „Sie tragen zu unserer Wirtschaftsleistung bei, sind Veteranen unseres Militärs, akademische Aushängeschilder an unseren Universitäten und Führungskräfte in unseren Pfarreien und Gemeinden."

Zudem beendete Biden den Notstand, den Trump für die Südgrenze der USA zu Mexiko ausgerufen hatte. In Zukunft, so Bidens Regierung, würden keine Steuermittel mehr verwendet werden, um an jener Grenze eine Mauer zu errichten. Dies sei nie eine „ernsthafte politische Lösung" gewesen, sondern vielmehr nur „Geldverschwendung". So sei die Öffentlichkeit von

KRAFTQUELLE UND LEITFADEN

den tatsächlichen Bedrohungen für die Sicherheit der USA abgelenkt worden.

Folgerichtig nahm Biden auch den Einreisestopp für die Bürger mehrheitlich muslimischer Länder zurück – und erntete dafür ebenfalls das Lob der US-Bischöfe. Unterm Strich zogen diese ein grundsätzlich positives Fazit der bisherigen Einwanderungspolitik der neuen Regierung. Dabei wiesen die Bischöfe aber auch darauf hin, dass die Regierung und der Kongress dazu angehalten seien, sich gesetzlich auf umfassende einwanderungspolitische Reformen zu einigen.

Dies dürfte jedoch äußerst schwierig werden. Denn Demokraten und Republikaner vertreten im Kongress komplett unterschiedliche Positionen. Die Immigrationspolitik ist das Feld, auf dem Biden besonders starker Kritik ausgesetzt ist. Dies hat sich gleich in den ersten Monaten seiner Amtszeit gezeigt. So war im März 2021 an der Grenze zu Mexiko eine chaotische Situation entstanden. Viele Migranten hatten sich offenbar durch Bidens Ankündigung, einen lockereren Kurs zu verfolgen, in ihrem Migrationsvorhaben bestärkt gefühlt. Die Zahl der Neuankömmlinge an der Grenze ging jedenfalls drastisch nach oben. Bidens Regierung stand vor der Herausforderung, unbegleitete Minderjährige an der Grenze in Lagern unterbringen zu müssen, die gewiss nicht den humanitären Standards entsprachen, die er sich selbst für den Umgang mit Migranten auferlegt hatte. Ob Biden mit einem Mittelweg Erfolg haben wird, der seine im katholischen Glauben begründeten Ideale mit der politischen Alltagsrealität vereinbart, dürfte zu einer Bewährungsprobe seiner Präsidentschaft werden.

***

Biden ist es auch ein wichtiges Anliegen, den Sinn für das Gemeinwohl in der Zivilgesellschaft zu stärken: Per Dekret rief er im Februar 2021 das sogenannte „Büro für Glaubens- und

Nachbarschaftspartnerschaften" des Weißen Hauses wieder ins Leben. Bei diesem Büro handelt sich nicht um eine Einrichtung, die religiöse Themen fördern, sondern vielmehr die Arbeit religiöser Organisation bündeln soll, um so zum Gemeinwohl der Gesellschaft beizutragen. Das Büro war bereits 2001 vom republikanischen Präsidenten George W. Bush gegründet worden. Dessen Nachfolger Obama hatte die Arbeit des Büros fortgesetzt, Donald Trump stellte sie jedoch ein. Biden will nun mithilfe dieser Einrichtung den Kampf gegen das Coronavirus und gegen Rassismus stärken, den wirtschaftlichen Aufschwung befördern und die Aufstiegschancen von Menschen aus benachteiligten Bevölkerungsgruppen erhöhen.

Ausdrücklich betonte der Präsident, dass es sich dabei um eine überparteiliche und überkonfessionelle Initiative handele. Die Leitung des Büros übernahm Melissa Rogers, eine Juristin, die bereits von 2013 bis 2017, damals noch unter Barack Obama, an dessen Spitze gestanden hatte. Unter der Regierung Bidens soll das Büro für Glaubens- und Nachbarschaftspartnerschaften nun einen wesentlichen Stützpfeiler dafür bilden, um „Menschen aller unterschiedlichen Hintergründe und Glaubensvorstellungen zusammenzubringen" und gemeinsam für die Einheit des Landes zu arbeiten.

Auch als Privatperson tat sich Biden in den letzten Jahren mit sozialem Engagement hervor: So gründete er mehrere Stiftungen, die sich für eine Reihe verschiedener wohltätiger Zwecke einsetzten. Eine dieser Stiftungen ist die „Beau Biden Foundation for the Protection of Children", ein Projekt gegen Kindesmissbrauch. Benannt wurde diese nach seinem Sohn, der sich als Justizminister Delawares intensiv für den Kinderschutz engagiert hatte. Biden zufolge sei dieses Engagement ein „zentraler Teil seines Wesens" gewesen. Die Beau Biden Foundation hat es sich zur Aufgabe gemacht, sowohl Erwachsene wie auch Kinder über das Thema Kindesmissbrauch aufzuklären, Sozialarbeiter besser auszubilden und die Gesetzgebung zum Schutz von Kindern zu stärken. Noch heute haben Bidens Sohn Hunter und die Witwe des verstorbenen Beau einen Posten im Vorstand der Stiftung inne.

Die Krebserkrankung seines Sohnes und die damit verbundene Leidensgeschichte hatte Biden unmittelbar vor Augen geführt, wie viel Schmerz die Krankheit Tag für Tag verursacht. Der Kampf gegen den Krebs wurde infolgedessen für ihn ein sehr persönliches Anliegen. Noch gegen Ende seiner zweiten Amtsperiode als Vizepräsident, im Januar 2016, beauftragte ihn Präsident Obama mit der Leitung einer Initiative, die den Fortschritt im Kampf gegen die Krankheit beschleunigen sollte. Obama verglich die Bemühungen mit einer neuen „Mondmission" und erklärte, Amerika zu dem Land machen zu wollen, das den Krebs ein für alle Mal besiegen werde.

Dieses Unterfangen war ganz im Sinne Bidens. Indem er ihm die Leitung des Projekts übertragen habe, so Biden, habe ihm Obama eine einzigartige Gelegenheit eröffnet, wie er in „Versprich es mir" schreibt: „Die Chance, andere Familien davor zu bewahren, was wir gerade durchgemacht hatten".

Nach seinem Ausscheiden aus dem Amt des Vizepräsidenten gründete er dann eine gemeinnützige Organisation, die „Biden Cancer Initiative", um die Arbeit fortzusetzen, die er bereits als Vizepräsident begonnen hatte. Als wesentliche Ziele der Initiative nannte er, die Dringlichkeit des Kampfes zu betonen und zugleich ein System der Prävention, Forschung und Patientenfürsorge zu entwickeln, das sich auf dem neuesten Stand der Wissenschaft und der Technik bewege. Zudem sollten auch die Kosten von Arzneimitteln gegen Krebs verringert werden. Über seine Bemühungen schreibt Biden, dass hinter all seinem Handeln das Bestreben gestanden habe, „ein System und eine Kultur zu begünstigen, die die Interessen der Patienten und ihrer Familien über alle anderen Erwägungen stellen". Er habe auf die erdenklich schmerzvollste Weise erfahren, so Biden, „dass es selbst unter idealen Umständen und für eine starke Familie eine schreckliche und kostspielige Tortur ist, dem Krebs zu trotzen".

Immer wieder betonte er dabei auch, dass der Kampf gegen den Krebs eine überparteiliche Aufgabe sei.

Im Juli 2019 stellte die „Biden Cancer Initiative" ihre Arbeit auf unbestimmte Zeit ein. Bereits Ende April, unmittelbar nachdem er seine Kandidatur bekanntgegeben hatte, war Biden von seinen Leitungsfunktionen innerhalb des Projekts zurückgetreten, um sich voll und ganz auf den Wahlkampf konzentrieren zu können.

Ähnlich verhielt es sich mit einer weiteren Stiftung, die Biden nach seiner Zeit als Vizepräsident gemeinsam mit seiner Frau Jill gegründet hatte und die schlicht „Biden Foundation" getauft worden war. Wie die „New York Times" berichtete, sammelte das Projekt 2017, im Jahr seiner Gründung, 6,6 Millionen US-Dollar ein. Das Geld wurde zur Förderung mehrerer Zwecke verwendet, die Biden schon länger am Herzen gelegen waren: etwa um Studiengebühren zu verringern, um gegen Gewalt an Frauen vorzugehen, aber auch um die Rechte Homosexueller zu stärken. Nachdem Biden im Rennen um das Weiße Haus seinen Hut in den Ring geworfen hatte, ließ die Stiftung ebenfalls ihre Arbeit ruhen. Es hieß, Biden habe so einen Interessenkonflikt vermeiden wollen – ein Vorwurf, der beispielsweise im Wahlkampf 2016 gegen Hillary Clinton erhoben worden war. Deren Familienstiftung hatte die Geschäfte fortgeführt, als Clinton bereits kandidierte, und nahm auch finanzielle Zuwendungen von Großspendern an.

***

In welchem Verhältnis steht nun Bidens katholischer Glaube zu seinen politischen Ansichten? Das wollte auch Matt Malone, der Chefredakteur des Jesuitenmagazins „America", in seinem Interview mit Biden aus dem Jahr 2015 wissen. In diesem Gespräch erzählte Biden ebenfalls die Geschichte, wie ihn die Rede für die Georgetown University dazu gebracht habe, zum ersten

Mal eingehender über diese Frage nachzudenken. Und er sprach auch darüber, wie ihn seine katholische Erziehung und die Lehre seiner Kirche dazu bewogen hätten, gegen Machtmissbrauch anzukämpfen. Aber er fügte noch etwas Entscheidendes hinzu: Das oberste Gebot für einen gläubigen Katholiken sei: „Liebe deinen Gott." Gleich an zweiter Stelle stehe allerdings: „Liebe deinen Nächsten wie dich selbst." Jesus Christus habe er dabei stets als die menschliche Verkörperung dessen gesehen, „was Gott von uns verlangte". Alles, was Jesus getan habe, „spiegelte die Dinge wider, die wir tun sollten", so Biden. Und das Wichtigste dabei sei, Menschen mit Würde zu behandeln, denn „jeder hat ein Recht auf Würde". Indem er die amerikanische Unabhängigkeitserklärung aus dem Jahr 1776 zitierte, schlug er auch den Bogen zur Politik. Denn darin finde sich dasselbe Prinzip, wenn es heißt, dass „alle Menschen gleich erschaffen und von ihrem Schöpfer mit bestimmten unveräußerlichen Rechten ausgestattet sind".

Dass Joe Bidens Einsatz auch im katholischen Milieu Amerikas gewürdigt wird, zeigte sich im März 2016, als er schließlich eine ganz besondere Auszeichnung erhielt: Die University of Notre Dame im Bundesstaat Indiana verlieh ihm die „Laetare-Medaille". Die Ehrung, die jährlich seit 1883 vergeben wird, gilt als äußerst prestigeträchtig. Mit dieser Medaille sollen amerikanische Katholiken geehrt werden, die in ihrem Wirken „die Künste und Wissenschaften geadelt, die Ideale der Kirche veranschaulicht und das Erbe der Menschheit bereichert haben". Zu den Preisträgern gehörten etwa solche für das katholische Leben der USA prägenden Persönlichkeiten wie der Schauspieler Martin Sheen (2008), der langjährige Kardinal und Erzbischof von Chicago, Joseph Bernardin (1995) und auch John F. Kennedy (1961).

Das Bezeichnende an dieser Ehrung: Biden erhielt die Medaille in jenem Jahr zusammen mit dem langjährigen republikanischen Sprecher des Repräsentantenhauses, John Boehner. Sein Verhältnis zu Boehner, der sich 2015 aus der aktiven Politik zurückzog, ist ein weiteres Beispiel für die ungewöhnlichen überparteilichen Verbindungen, die er über die Jahre geknüpft hatte. Denn eigentlich verband ihn kaum etwas mit dem strammen konservativen Katholiken aus dem Südstaat Ohio – abgesehen eben vom katholischen Glauben. Und dennoch verstand sich Biden bestens mit dem Republikaner, den er einen Mann von „Charakter, Ehre und Integrität" nannte.

Diesen Aspekt griff der Präsident der Universität Notre Dame, Pater John Jenkins, in seiner Laudatio auf. Er würdigte die beiden Politiker, indem er Parallelen zwischen ihrem Stil und ihrer Herangehensweise zog. Die Worte des Paters sind wohl eine der treffendsten Beschreibungen, mit denen Joe Bidens Glaube und dessen Einfluss auf sein politisches Handeln charakterisiert worden sind: Biden wie Boehner hätten Gesetze verabschiedet, für die alle dankbar sein könnten, so Jenkins. Beide hätten aber auch Positionen vertreten, die viele Katholiken kritisch sehen und gegen die mancher sogar „schwerwiegende moralische Vorbehalte" hegen würde. Im Falle Boehners dürfte Jenkins hier wohl darauf angespielt haben, dass dieser massive Kürzungen von Hilfsleistungen für Arme politisch mitgetragen hatte.

So würde diese Auszeichnung eben nicht bedeuten, dass sich die Universität eine bestimmte Position der Geehrten zu eigen mache, erklärte Pater Jenkins weiter. Vielmehr werde sie Boehner und Biden verliehen, „weil sich ein jeder von Ihnen mit seinem Leben dafür eingesetzt hat, mit politischer Führungsstärke dem Gemeinwohl zu dienen". Beide hätten kollegiale Beziehungen zu denjenigen aufgebaut, die andere Ansichten vertreten. „Und in Ihren politischen Karrieren, die von Patriotismus, Ausdauer, harter Arbeit, Mut und manchmal auch Tragödien gezeichnet waren, bot Ihnen der Glaube eine Kraftquelle und einen Leitfaden."

Epilog

Im Wahlkampf 2020 sprachen beide Seiten, Demokraten und Republikaner, immer wieder davon, dass man sich in einem „Kampf um die Seele Amerikas" befinde. Joe Biden verwendete die Formulierung im Sommer 2020 sogar als Wahlkampfslogan, der prominent auf seiner Website – direkt neben seinem Namen – erschien. Mit dem Wort „Seele" entschied sich Biden wohl bewusst für einen religiös konnotierten Begriff. Er führte aber wohl auch bewusst nicht konkret aus, was er darunter versteht, sodass in einem Land vielfältiger Glaubensvorstellungen ein jeder seine eigene Interpretation treffen konnte.

In dieser Wortwahl, so könnte man es deuten, spiegelt sich Bidens Auffassung wider, dass alle Bürger Amerikas trotz der Unterschiede in ihrer Herkunft, ihrem sozialen Status und ihrer politischen Zugehörigkeit doch verbunden sind in dem Streben nach denselben Zielen und Idealen – nach Freiheit, Glück und Erfolg – wie sie teilweise schon in der Unabhängigkeitserklärung definiert wurden. Wenn er davon spricht, die Seele Amerikas „wiederherstellen" zu wollen, ist dies als Metapher dafür zu verstehen, zur Einheit des Landes beitragen zu wollen. Man könnte es auch so ausdrücken, dass Biden auf dem letzten großen Abschnitt seines Lebens doch noch einmal in die Rolle des Seelsorgers tritt, mit der er in jungen Jahren bekanntlich einmal geliebäugelt hatte. Dass er Menschen erreicht, ihnen zuhören und ihre Sorgen und Nöte verstehen kann, hat er im Laufe seiner Karriere immer wieder unter Beweis gestellt.

Und dennoch: Das Land zu vereinen, die Lager miteinander zu versöhnen, das sind hohe Ziele, wenn man bedenkt, wie gespalten die USA, wie polarisiert die Debatten derzeit sind und wie sich das Diskursklima immer mehr verschärft. Bereits in den ersten Monaten seiner Amtszeit musste Biden erkennen, dass die

politische Realität in diesen Zeiten oft ernüchternd sein kann –
genauso wie diejenigen Beobachter, die ihm zugetraut hatten,
ein wenig Versöhnung zu schaffen. Manchmal war es Biden aber
auch wichtiger, politische Vorhaben nach den Wünschen der
Parteibasis umzusetzen, als auf möglicherweise berechtigte Bedenken der Gegenseite einzugehen.

„Promises to keep" nannte Joe Biden seine Autobiografie aus
dem Jahr 2007. Der Titel ist ein Zitat aus einer Zeile des Gedichts „Stopping by woods on a snowy evening" (Anhalten
im Wald an einem schneereichen Abend) des Dichters Robert
Frost. Frost, einer der bekanntesten amerikanischen Poeten des
20. Jahrhunderts, war es auch, der bei der Amtseinführung John
F. Kennedys ein Gedicht vortrug, so wie es die junge schwarze
Lyrikerin Amanda Gorman bei Bidens Vereidigung tat. Kennedy, ein begeisterter Anhänger von Frosts Lyrik, zitierte die letzten beiden Zeilen des Gedichts „Stopping by woods" im Wahlkampf häufig am Ende seiner Reden. Sie lassen sich schon jetzt
auf die Präsidentschaft Joe Bidens übertragen. Denn Biden hat
im Wahlkampf zahlreiche Versprechen gegeben. An Katholiken. An Protestanten. An alle Amerikaner. Versprechen, die er
einhalten muss, wenn er tatsächlich als Präsident des gesamten
amerikanischen Volkes wahrgenommen werden will – die aber
nicht leicht einzuhalten sein werden ohne eine immense Kraft-
anstrengung. „But I have promises to keep / And miles to go
before I sleep", lauten die letzten Zeilen.

Auch Joe Biden hat, ehe er sich zur Ruhe setzen kann, noch
einen weiten Weg vor sich.

Literatur

Biden, Joe (2007): Promises to keep. 1. Auflage. London: Scribe UK

Biden, Joe (2017): Versprich es mir. 1. Auflage. München: Verlag C.H. Beck

Faggioli, Massimo (2021): Joe Biden and Catholicism in the United States. 1. Auflage. New London, CT: Bayard, Inc.

Osnos, Evan (2020): Joe Biden. Ein Porträt. 3. Auflage 2020. Berlin: Suhrkamp Verlag

Witcover, Jules (2010): Joe Biden. A Life of Trial and Redemption. 1. William Morrow Paperback Edition (2019). New York: William Morrow

Bildnachweis

S.1: © picture alliance / dpa | epa Tannen Maury
S.2: © mauritius images / ARCHIVIO GBB / Alamy
S.3 oben: © picture alliance / ASSOCIATED PRESS | Lana Harris; unten: © picture alliance / dpa | Keystone USA t41
S.4/5: © picture alliance / REUTERS | Kevin Lamarque
S.6/7: © picture alliance / ZUMAPRESS.com | Courtesy C-Span
S.8: © picture alliance / dpa | Keystone USA l64
S.9 oben: © picture alliance / ASSOCIATED PRESS | Uncredited; unten: © picture alliance /AP Photo | Charlie Neibergall
S.10: © picture alliance / ASSOCIATED PRESS | Marcio Jose Sanchez
S.11: © picture alliance / dpa | epa Shawn Thew
S.12/13: © mauritius images / UPI / Alamy
S.14/15: © picture alliance / NurPhoto | Giuseppe Ciccia
S.16: © picture alliance / AP Photo | Uncredited

Textnachweis

S.59: Psalm 36,6–8: Einheitsübersetzung der Heiligen Schrift © 2016 Katholische Bibelanstalt GmbH, Stuttgart
Alle Rechte vorbehalten